单元合伙

从就业到内部创业的组织进化模式

刘少华　李自冬 ◎ 著

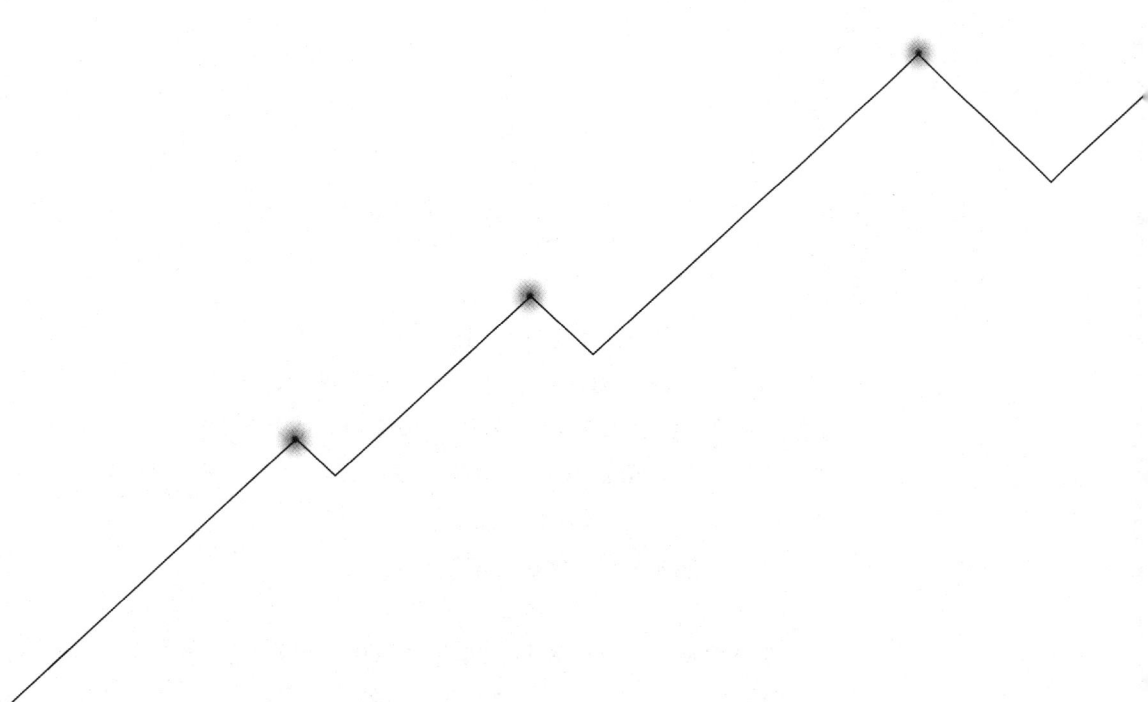

中国商业出版社

图书在版编目（CIP）数据

单元合伙：从就业到内部创业的组织进化模式 / 刘少华，李自冬著. -- 北京：中国商业出版社，2022.8
ISBN 978-7-5208-2096-7

Ⅰ.①单… Ⅱ.①刘… ②李… Ⅲ.①企业管理 Ⅳ.①F272

中国版本图书馆 CIP 数据核字 (2022) 第 114356 号

责任编辑：包晓嫱
（策划编辑：佟 彤）

中国商业出版社出版发行
（www.zgsycb.com 100053 北京广安门内报国寺 1 号）
总编室：010-63180647 编辑室：010-83118925
发行部：010-83120835/8286
新华书店经销
香河县宏润印刷有限公司印刷
*
710 毫米 × 1000 毫米 16 开 18 印张 200 千字
2022 年 8 月第 1 版 2022 年 8 月第 1 次印刷
定价：79.00 元
****
（如有印装质量问题可更换）

序　言

设计师阿汤一直在纠结什么时候离职。

其实，阿汤并不想从公司离职，他所在的公司是当地最大的工程设计企业。老板高飞也是工程设计出身，专业能力强，为人豪爽，但阿汤却面临以下现实。

第一，收入有限，支出无限。每月工资8000元虽然在当地属于行业中高水平，但老婆是全职太太，带两个娃，还要付房贷，生活较为拮据。

第二，没有自主权，没有成就感。作为设计师，不仅要解决销售人员提出的客户需求，协调工程施工问题，还要面对公司各个部门主管的要求。每天疲于奔命，上下应付没有决策权，没有自主权，没有成就感。

第三，看不到未来。阿汤感觉自己30岁能看到40岁的人生。想改变现状，要么出去创业自己当老板，但是没有资金和资源；要么从现在的公司离职换一家新的公司，但不知能否挣更多的钱，有更好的发展机会。

无疑，阿汤的职业发展困境是许多中年职业经理人的一个真实缩影。留在公司当职业经理人，赚不到钱，没有自由，看不到未来；出去创业，有创业成本和风险。那么，未来在哪里呢？有没有一种新型的企业组织进化模式，既可以让员工零风险、零成本内部创业当老板与公司一起长期发展，又可以大幅度提高公司收入和员工个人收入，实现共同富裕？

10天以后，阿汤还是向老板高飞提出了辞职。高飞对阿汤的辞职似乎早有预感，但他仍心平气和地与阿汤谈了1个小时。两人最后达成了一致意见：阿汤可以离职，但按照公司制度需一个月以后正式离职。阿汤离开高飞办公室以后，高飞很苦恼：自己已经创业20年，招聘并培养的设计师不少于100人，基本上最后都和阿汤一样离开了公司。

作为一个民营企业老板，高飞能给员工的基本都给了：加工资、加提成、搞团建、搞绩效考核、给股份。可员工还是不给力，工作不主动，干活不积极；批评重一点，奖罚严一点，就有员工闹离职。为了管好员工、留住员工，提高员工效率，高飞几乎用了已知的所有管理方法和管理工具，比如，绩效考核、股权激励、阿米巴，但都收效甚微。不知是自己错了还是管理专家错了，这让高飞很迷茫和困惑。

为什么员工不好招、不好管、不好留？

到目前为止，99%的民营企业的组织关系都是以雇佣制为基础的。何为雇佣制？就是老板支付工资，员工在固定场所和固定时间为老板做事。雇佣制是以货币资本为主导，站在老板角度，设计薪酬、劳动保险、绩效考核方案，甚至是员工持股计划，其目的是提高员工的主动性，让员工更高效地为企业创造价值，这是雇佣制的本质。

雇佣制能存在200多年，有两个前提条件：第一，创业成本高，拥有货币资本的老板是企业的主导因素，员工处于从属地位；第二，劳动力供大于求，员工就业难，对企业有高度依赖性，愿意服从企业的管理制度。

当下，人才供求失衡，员工已经成为人力资本市场的主导者。一方面，创业当老板的人增多；另一方面，自由职业者占比逐年攀升，人才市场的供求失衡成为新常态。在这样的背景下，员工似乎已成为雇佣关系中的主导者。比如，10个员工离职，其中有8个都是主动离职的，而老板则处于相对被动的状态。因为人才供求失衡，员工处于主导地位，对企业没有依赖性，找工作容易，跳槽成本低，所以人不好招、不好管、不好留。

如何让员工主动干，提高经营效率？为自己干！

老板们都希望员工能像老板一样，每天充满激情，每件事都能主动干好，实现企业发展和利润增长。但是大部分员工都停留在自己的舒适区，不肯主动想方法解决，有的甚至消极怠工。之所以这样，原因在于，员工认为自己是在为老板打工，抱持的是打工者的心态。

那么，如何能让员工主动干？以哈佛管理理论为代表的"管理理论"侧重于通过组织分工、流程管理、制度管理等提高劳动效率；"组织理论"侧重于通过组织结构、组织分权、层级授权来提高组织效率；"人力资源理论"侧重于通过组织分利、绩效考核、股权激励来提高人的劳动效率。虽然企业管理界各种理论创新层出不穷，但仍然是在雇佣制基础上的创新变革，其核心仍然是让员工为老板干。

一些中小企业为了提高经营效率，先后引进了不少管理工具，但绝大部分都以失败告终。不管是KPI（关键业级指标）绩效考核系统，还是打着稻盛和夫旗号的阿米巴模式，以及最近几年被老板们视为企业管理标配的股权激励计划，这些都是基于雇佣制的管理创新，都是建立在为老板干的前提下，不可能真正实现让员工主动干。任何基于雇佣制的管理创新，无异于在破衣服上打补丁。

人的本性都是为别人干消极被动，为自己干才会主动。比如，为什么网约车司机没有固定工资，没有公司股权，仍然能每天工作12个小时，任劳任怨、无怨无悔？因为他们是为自己干。可见，想让员工主动干，就要让员工为自己干；可见，想让员工为自己干，就要让员工内部创业当老板；想让员工内部创业当老板，就要划小经营单元。经营单元是员工内部创业基层组织，经营单元是以客户为中心，通过服务客户、营销客户获得经营利润的组织。经营单元越小，为自己干的动力越强。

单元合伙，让员工从就业到内部创业，实现共同富裕。

雇佣制体制下，要么出资当老板，要么出力当员工。员工的收入水平依据行业薪资标准设定，基本都是"工资＋奖金"的形式。虽然很多公司说上不封顶，但差别并不大。一部分资深经理人为了证明自己的价值、提高收入，会选择离职自己创业当老板。但由于创业要付出成本和承担风险，所以95%以上的创业者都以失败告终。

单元合伙就是公司建立共创、共担和共享平台，让员工零风险、零成本内部创业。从管理激励员工为老板干，到平台赋能内部创业为自己干，提高经营效益，实现共同富裕。

单元合伙是一套完整的理论体系和内部创业方法论，包括三大创新、三大机制和四大模式。三大创新：让员工为自己干、回归经营本质、分层分级合伙。三大机制：平台赋能、单元划分和核算规则。四大模式：单元经营的分红模式、单元创业的分包模式、单元投资的分股模式和小微裂变的分拆模式。不同对象，不同模式。每个模式有8个实操工具，四大模式共32个实操工具。

事实上，国内很多企业借助单元合伙的不同模式，实现了让员工从就业到内部创业的组织进化，提高了经营效率。韩都衣舍300个产品小组，采取了单元合伙的分包模式，6年销售额飙升1000倍，一年新品上样30000+，新品上样数量甚至超过了Zara。喜家德已在全国50多座城市开出600多家门店，其自创的"358"模式成就了80000名员工。喜家德的模式其实就是单元合伙"分红模式+分股模式"的综合应用。百果园收回加盟权后，开始了从内部到外部的单元合伙，快速裂变开店近5000家，解决了很多人的就业问题。小米公司的生态链布局是单元合伙的分拆模式，300个生态小微企业与小米公司共谋发展。

中国企业的成功实践证明：单元合伙在企业的不同应用阶段，完成了不同的三大目标：第一阶段目标，从就业到创业的组织进化模式；第二阶段目标，从内部到外部的经营增长系统；第三阶段目标，从企业到社会的资源共享平台。

老板为什么能创造财富、获得财富，只因为老板在企业中扮演了3个角色：第一个角色，创业者，是公司发起人、创始人；第二个角色，投资者，投入资金、资源、资产，承担投资风险和获得投资回报；第三个角色，经营者，对公司经营和利润负责。

民营企业在告别了过去几十年的快速和野蛮发展后，在新的经济环境下，其也遇到了新的问题和挑战。

第一，民营企业的发展和壮大，让中国从计划经济过渡到社会主义市场经济，提高了经济活力。但是每个企业内部经营管理仍然是高度的计划经济，高度依赖老板的管理，经营效率低下。在这种背景下，如果不能在每个企业内部实行市场化，就不可能从根本上提高经营效率。要实现内部市场化，必须将每个员工作为内部市场主体，以内部创业者的身份参与市场竞争，人人服务客户、开发客户。

第二，过去的员工就业难，只可能追求企业升职加薪。今天的员工可选择的机会多，大多更追求个人成长和财富增长。因此，要想留住员工，最好的做法就是，企业提供平台，员工内部创业，让员工和企业老板共同创业、共同致富。

百果园通过"平台＋合伙人"的模式，门店快速扩张至5000家，市场份额在水果零售中位居行业第一位。百果园提供平台，主要负责连锁系统的管理、运营、人才输出、品牌运营、人员培养培训、门店运营等工作。作为经营单元的门店让核心员工参与门店投资并负责店面经营，门店的投资方分别为片区管理者、大区加盟商和店长。每家门店独立核算，百果园仅收取门店利润的30%，门店利润的70%按照投资比例分配给店长、片区管理者和大区加盟商。门店如果亏损，亏损额全部由百果园来承担。如果连续亏损3年，百果园则对门店进行评估，确定是否关闭，相当于百果园承担门店3年的亏损期限。

百果园的单元合伙制，不仅让其快速地变出门店5000家，还实现了员工和企业共同创业、共同富裕。

单元合伙，就是让老板建立共创平台，赋能员工从就业到内部创业，实现员工和老板共同创业、共同富裕。老板创建企业平台，对企业负责，是企业的创业者、投资者、经营者；员工内部创业对经营单元负责，是经营单元的创业者、投资者、经营者。

单元合伙，让员工从就业到内部创业，实现共同创业、共同富裕。

目录

第一章 让员工为自己干 / 1
一、雇佣制的五大危机 / 3

二、绩效考核失效的五大原因 / 17

三、单元合伙，为自己干 / 23

第二章 企业回归经营本质 / 35
一、传统企业管理的五大坑 / 38

二、阿米巴经营失灵的五大因素 / 51

三、平台 + 单元，回归经营本质 / 58

第三章 分层分级合伙 / 71
一、股权激励的五大真相 / 74

二、三层合伙主体：单元越小，动力越强 / 81

三、四级合伙模式：不同对象、不同模式 / 90

第四章 单元合伙三大机制 / 107
一、平台赋能 / 112

二、单元划分 / 123

三、核算规则 / 137

第五章　单元合伙四大模式 / 141

一、分红模式：八大实操工具 / 145

二、分包模式：八大实操工具 / 159

三、分股模式：八大实操工具 / 173

四、分拆模式：八大实操工具 / 188

第六章　个人利润（PPS）/ 209

一、绩效考核的三大工具 / 211

二、PPS 核算规则 / 221

三、如何定 PV 采购标准 / 233

四、PPS 考核机制和实施 / 258

附录　PPS 通用版实施方案 / 269

PPS 核算实施办法 / 269

第一章 让员工为自己干

雇佣制的五大危机

绩效考核失效的五大原因

单元合伙,为自己干

为什么员工越来越不好招、不好管、不好留？

无论是哈佛管理理论、MBA教材，还是在企业实践中，所有的企业管理工具都是建立在雇佣制的基础上，雇佣制的本质是让员工为老板干。

今天，新一代的员工更想创业当老板，为自己干。

单元合伙的第一大创新："让员工为自己干。"员工为自己干，就会主动干、拼命干！

Ray是一名"90"后创业者,体育大学毕业后,创立了RS健身公司。经过几年的发展,他陆续开设了三家健身中心。作为健身行业的后起之秀,Ray和很多新入职的健身教练签署了劳动合同,确定了相对有竞争力的底薪,并给教练缴纳了劳动保险,教练私教课时费的提成在同行业也具有竞争力。

虽然随着RS健身品牌市场反响越来越好,客户越来越多,但Ray很快发现,"底薪+提成+劳动保险"仍然不能留住健身教练。不少新入职的健身教练在RS健身工作一年后,要么自己摸熟了套路,创业开店去了;要么跳槽去别的健身公司担任店长或者主管去了。RS健身公司简直成了当地健身行业的"黄埔军校"。

为什么RS健身的教练离职率高?我们先来分析雇佣制的五大危机。

一、雇佣制的五大危机

1. 雇佣制为老板干

雇佣制是工业化时代的产物

雇佣是指两个主体之间的契约关系,其中一方为雇佣者、雇主;另一方为被雇佣者、雇员。通过双方契约约定,"被雇佣者"为"雇佣者"工作,并由雇主提供报酬给雇员。

  雇佣劳动的出现和发展,是农业革命到工业革命的一个历史过程。在封建社会末期,随着简单商品经济的发展,价值规律作用的增强,手工业者和农民等小商品生产者逐步发生两极分化。其中少数人发财致富,上升为资本家,大多数人则贫困破产,沦为雇佣工人。但当时这种分化过程比较缓慢,不能适应资本主义发展的要求,于是统治阶级便采用野蛮的暴力手段,对大量小商品生产者进行剥夺。一方面,使大量资本集中在少数资本家手中;另一方面,使小商品生产者摆脱了人身依附关系,取得了人身自由,同时也失去了生产资料,成为一无所有的无产者,只能依靠出卖自己的劳动力来维持生活。

  18世纪后半叶,英国开始了一场产业革命。苏格兰人瓦特制成的改良型蒸汽机大大推动了机器的普及和发展。人类"蒸汽时代"的核心动力被植入了生产流程。随着工业生产中机器生产逐渐取代手工操作,大大小小的工厂在英国境内崛地而起。随着机器大工业的发展,雇佣劳动制在商业社会占了主导地位。因此,雇佣制是工业化时代的产物。

  世界上第一家现代意义上的企业,是1769年在英国诺丁汉诞生的一家600人规模的水力纺织厂,创办人是理查德·阿克赖特。理查德·阿克赖特是著名的发明家,他发明的水力纺纱机在1769年获得专利权,被认为是工业革命第一步。他将棉纺织业持续生产的各个工序集中于一个工厂,在工厂中实行了12小时工作制,并制定了严格的规章制度。这是最早建立在雇佣基础上具有现代意义的企业管理制度。

中国改革开放以来，民营企业经历了从无到有、短暂调整、逐步发展壮大的过程。民营企业贡献了全国80%的就业机会、70%的发明专利、60%的GDP和50%的税收。

在"大众创业、万众创新"的推动下，新经济、新动能加快发展，新技术、新产业、新业态加速成长，新就业和新职业不断涌现，同时也对传统的雇佣制提出了新的挑战。

雇佣制的本质是让员工为老板干

传统雇佣制企业，以货币资本为主导，站在老板立场，设计了薪酬、劳动保险、绩效考核方案，甚至是员工持股计划，目的是提高员工的主动性，让员工高效率地为企业创造价值。简单地说，雇佣制的本质就是让员工为企业干、为老板干。

为老板干的雇佣制，在劳动力泛滥的市场环境有效率；但是在劳动力短缺的市场环境，当员工有更多选择的时候，就会成为低效率的制度。虽然很多企业每年给员工加薪、提高奖励提成标准、搞团建活动，但是员工还是认为在为老板干，内心无法获得成就感，也就选择被动干或者离职。

所有管理理论都专注于企业目标，而忽略个人目标

巴纳德在《组织与管理》一书中，开宗明义强调了人的参与对提高组织效率的作用，他说："组织内所有促进协作行为都涉及一个问题，即个人是否愿意、乐意并有兴趣参与进来。"但是，过去由于人在组织中更多是一个工具的角色，是依附者的角色，所以并没有真正获得参与权，或者说参与的深度、广度都远远不够。当然，利益上也更多的是分配，而不是分享。

总的来说，"管理理论"侧重于通过组织分工、流程管理、制度管理等，提高劳动效率；"组织理论"侧重于通过组织结构、组织分权、层级授权等，提高组织效率；"人力资源理论"侧重于通过组织分利、绩效考核、股权激励等，提高人的效率。

但是所有企业管理理论都专注于通过效率提升，达成企业目标。没有关注个人，没有关注个人目标，没有关注员工个人是否愿意干、为谁干。

雇佣制的本质是为老板干，任何基于雇佣制的管理创新无异于在破衣服上打补丁！

2. 雇佣制"反人性"

人的本性是自私的吗？

《自私的基因》是英国著名演化生物学家、动物行为学家和科普作家理查德·道金斯的经典作品。理查德·道金斯同时也是英国皇家科学院院士和牛津大学教授，是当今仍在世的最著名、最直言不讳的无神论者和演化论拥护者之一。

《自私的基因》自问世以来就一直饱受争议，毁誉参半。批评者认为"自私"一词显得冷漠无情，许多人在看完后顿觉人生毫无意义，对世界充满绝望。对"自私的基因"最普遍的误解是，把"基因自私"和"生物个体自私"混为一谈。按照理查德·道金斯的说法，所有基因都自私而盲目地追求在基因池里最大化，但只有很少基因决定生物体本身是自私的。比如，确实有"无私"和"向善"的基因，包括人类的同情心。这些无私的基因也会自私地追求自身利益的最大化。它们没有灭绝，是因为它们和"损人利己"的基因在进化的博弈过程中达成了动态平衡。

从基因的自私出发来思考人性善恶问题，这是永恒的争论，当然也不会有答案。孟子主张性善，"人皆有不忍人之心"；荀子主张性恶，"今人之性，生而有好利焉"；王阳明的心学主张无善无恶，"无善无恶心之体，有善有恶意之动，知善知恶是良知，为善去恶是格物"，这点和佛教类似，"善恶本性为空"。西方人应该更倾向于性恶论，比如亚当·斯密在《国富论》中提到的"因自私而利他"的"经济理性"。

雇佣制其实反人性

如果人的本性是自私的，那么人的本性都想为自己干，为自己干才会主动干，为老板干只能被动干。为什么网约车司机虽然没有固定工资，没有劳动保险，没有公司股权，但是每天工作 12 小时，任劳任怨、无怨无悔？因为他们是为自己干。

老板都希望员工像老板一样，每天充满工作激情，每件事都能主动干好，实现企业发展和利润增长。但是大部分员工都停留在自己的舒适区，不肯主动想问题，不肯主动思考解决问题的方法，不肯主动实践去解决问题。原因在于：老板每天起早贪黑、勤勤恳恳是为自己打工，而员工认为是在为老板打工。老板是创业者的心态，员工是打工者的心态。

雇佣制本质是为老板干，想通过各种管理和激励工具让员工主动为老板干，这无疑是反人性的。要想让员工主动干，那么，必须尊重人力资本的价值，让员工为自己干。

3. 供求失衡逆雇佣

工业化时代，雇佣制的两个前提条件

有了企业组织，就有了企业管理理论和管理工具。我们不能忽视这样一个客观事实：传统的企业管理理论和管理工具，都是在雇佣制的基础上不断发展和创新的。雇佣制能存在200多年，有两个前提条件：第一，创业成本高，拥有货币资本的老板是企业的主导因素，员工处于从属地位；第二，劳动力供大于求，员工就业难，对企业有高度依赖性，能接受企业的管理制度。

互联网时代，雇佣制存在的前提条件被彻底撼动

首先，创业者需要的货币资本被大大降低。"网红"李佳琦直播，凭一部手机5分钟之内就卖掉15000支口红，直接卖断货；一个宝妈微商，带娃的同时可以在家开网店赚钱。

其次，在"大众创业、万众创新"的背景下，一方面，创业当老板的人增多。相关资料统计，在民营企业高度集中的浙江省，非公有制经济的

比重已超过80%，每10个浙江人中就有1个是民营企业老板。另一方面，自由职业者占比逐年攀升，人才市场的供求失衡成为新常态。在这样的背景下，员工已经成为人力资本市场的主导者。比如，公司有10个员工离职，其中8个员工都是主动离职的，员工敢主动炒老板的鱿鱼，而老板处于相对被动的状态。

人不好招、不好管、不好留是中小企业的常态

因为人才供求失衡，所以人不好招；因为人才供求失衡，员工处于主导地位，对企业没有依赖性，所以人不好管；因为人才供求失衡，找工作容易，跳槽成本低，所以人不好留。

人不好招、不好管、不好留是民营企业的共性问题，也是中小企业的常态。民营企业由于名声不大、资金不足、前景不明等原因，导致人员流动性较大。一方面，人难招，经常招不到优秀的、认真干活的员工；另一方面，人难留，招进来的员工，流失率很高。

中小企业老板被逆雇佣

张先生以前在一家大型互联网公司做高管，3年前离职创业。创业后他没日没夜打拼，做产品设计、跑市场销售、带团队成长，3年下来，张先生每月仅仅拿基本生活保障的工资，挣的钱勉强给员工发工资，自己也没有从公司分到一毛钱的红利。张先生发现，"自己在给员工打工"。自己3年下来赚到手的钱，还不如自己以前在大型互联网公司上班的时候两个月的薪水。

很多中小企业员工不开心就辞职,背后永远都在说老板小气、抠门儿、苛刻,但是对于老板来说,最重要的就是控制企业的运营成本,增加企业的利润。员工哪里会真正体谅老板的困难和压力?

过去,劳动力供大于求,员工给老板打工。

今天,劳动力短缺,员工成为人力资本市场上的主导者,老板被逆雇佣是事实。

4. 员工没有依赖性

美国梅奥医院(Mayo clinic)常年稳居美国医院综合排名榜首,在世界享有很高的品牌美誉度,能在梅奥医院工作是很多医生的梦想和荣耀。梅奥医院采用了多种绩效考核方式,其中一个很重要的就是360度绩效考核(上级、同级、下级、客户、自我)。梅奥医院希望所有员工将价值观作为态度和行为的基础,因此对核心价值观的履行程度是考察员工的重要方面。此外,梅奥医院还采用了基于随机电话访谈的患者满意度调查、同行质量监督、自我评估。

但梅奥医院在员工薪酬考核与管理方面却是"大锅饭"的模式。梅奥医院医生拿的年薪不和任何其他因素挂钩。这个"其他因素"包括门诊量、手术量、科研产出、绩效表现和医疗质量等。既然完全脱钩了,也就不存在所谓的绩效奖金和分红。

在梅奥医院,科室不同,平均收入在20万—60万美元。假如预设年薪是50万美元，梅奥医院的薪酬设计大致是这样的：第一年拿预设年薪的60%，也就是30万美元，然后逐年等额递增，直至到第六年达到目标薪水50万美元。一旦达到目标薪水，不论你的资历如何，都将持续稳定在这个数额。

如果梅奥医院的运营状况良好，每年也会适当整体提高年薪的水平。所以从收入的角度，"大锅饭"并没有成为绝大多数优秀人才离开的原因。相反，由于没有工作量以及创收的压力，医生可以把时间花在需要治疗的病人身上。根据反馈的数据，梅奥医院每年约2%的人员流失率在医疗行业是极低的。

没有依赖性，就没有管理的有效性

像梅奥医院这样的大企业，员工愿意一直待着"打工"，愿意接受考核，很少离职主要是基于员工对企业的强依赖性。这种强依赖性具体体现在以下几个方面：

（1）稳定感。大企业具有很强的稳定性，员工在大企业上班相对稳定。就好比身在一艘深海中航行的大型豪华游轮上，遇到一般的风浪依然可以稳如磐石；而中小企业如同大海中的一片小舢板，稍有风浪，便会侧翻坠入大海。

（2）安全感。大企业抗风险能力强，业务相对稳定，工资也会及时全额发放。中小企业则不同，"可能吃了上顿不知下顿在哪儿"，在破产倒闭的边缘徘徊，工资能否按时、全额发放存在一定的风险。

（3）有成长。大企业人才济济，管理规章制度健全。在大企业，能快速地学习到很多东西。以梅奥医院为例，梅奥医院吸纳了全球很多优秀的医生加入，一般初入职场的年轻医生，能够跟随这些优秀的医生学习到很多专业技能，专业水平能快速提升。中小企业则不同，优秀人才相对匮乏，在中小企业工作可能没有大企业成长那么快。

（4）有收入。这里所要讲的"有收入"是指具有市场竞争力的收入。梅奥医院医生的收入就具有很强的市场竞争力。

（5）可以放弃一部分自由。面对大企业有竞争力的薪酬、良好的工作环境和市场口碑、美誉度，在大企业上班，就意味着已经放弃了部分自由，包括接受企业的考核、考勤、加班等。

中小企业的员工没有依赖性

过去，企业少，就业难；创业成本高，员工依赖企业就业。员工离开了企业就会失业，员工对企业有依赖性，员工就业稳定性高，内部管理效率高。

今天，创业成本低，企业多、老板多。员工创业当老板容易，找工作更容易，对中小企业的依赖性不高。当然，大公司由于薪资待遇高、福利好、发展稳定，对员工还是很有吸引力的。为了在这些大公司获得成长和收入增长，一些优秀的员工依然对它们有很强的依赖性。

员工对大公司依赖性强，转换成本高，跳槽找到同样薪酬待遇和办公环境的公司较难。相反，员工对中小民营企业依赖性弱，转换成本低，可以随时跳槽找到一份相同甚至更高待遇、更好条件的工作。

没有依赖性，绩效考核走过场

常见的绩效考核类管理工具包括关键业绩指标（KPI）、平衡积分卡（BSC）和目标与关键成果法（OKR），这些管理工具主要适用于大公司。一些中小企业也实行绩效考核制度，当绩效考核结果出来以后，如果KPI评分高，按照制度需要奖励员工，员工也会毫不犹豫要求老板兑现奖励；如果KPI评分低，按照制度需要处罚员工，老板就会犹豫要不要罚款、扣钱。因为老板真的按照制度处罚、扣钱，会有两种结果：第一，员工私底下闹情绪，甚至指责老板、传播负能量；第二，不接受处罚，直接离职走人。久而久之，老板会被员工"绑架"。

在大多数中小企业，为了团队稳定，绩效考核实施的结果是：只能奖，不能罚。当一个制度只能奖，不能罚的时候，这个制度就只是走过场了。

5. 个人经济体崛起

上午8点，网络保姆赵阿姨按响门铃，她依托"58同城"向客户提供家政服务，平均一个月能赚7000元。

上午9点，预约了网约车司机钱师傅送我上班，他以前在出租车公司上班，后来离开出租车公司。他自己买车依靠"网约车平台"接单赚钱，不仅不再需要缴纳"份子钱"，还可以自由支配时间。

上午 10 点，我来到办公室，"90 后"摄影师孙女士正等着帮我拍摄个人特写，我们是通过"猪八戒平台"认识的。

中午 12 点，我通过美团外卖点了一份比萨，骑手小李接单后送到了我的办公室。

晚上 8 点，我观看"网红"达人的直播。据说 2020 年网红直播已超过 1000 万人……

移动互联时代，随着信息获取的渠道增多、资源整合的速度加快，个人的创造力和工作价值得到重视并被放大。以前我们身边的朋友，不是在这家公司上班，就是在那家公司上班；如今越来越多的朋友，不是依托这家平台赚钱，就是依托那家平台赚钱。

个人经济体

个人经济体就是自己雇佣自己、自己支配时间、自己负责盈利和承担亏损的经济组织。未来社会经济的基本单位不再是企业，而是个人经济体。科技为个人赋能，"个人经济体"的快速崛起，已成为互联网时代的象征。移动互联网时代，我们每天的工作和生活，都和个人经济体密切关联。

个人经济体不属于任何一家企业的员工，但又经常和企业合作，为它们提供某些服务。未来的个人经济体会越来越多，平台会越来越多，他们在大数据、云计算的配合下，努力实现了多个服务个体和多种个性化需求的对接，这就使得那些在技能方面、资源方面和服务方面拥有一技之长的人，能够通过各种平台寻找到与之相配的工作。

个人经济体的三个特征

第一，为自己干。为自己干的"自雇佣"模式是个人经济体的首要特征，也是个人经济体区别于传统雇员为"老板干"的重要标准。

第二，高度自主。个人经济体在决定工作量和工作内容上有高度自主权和灵活性。他们可以按照工作的回报、客户的喜好或时间来决定是否接受工作任务，且可以在不同时间作出不同选择。

第三，按结果获取回报。个人经济体根据任务、合同或他们达到的销量获得报酬。与拿固定薪资的全职雇佣者不同的是，个人经济体主要是以结果获得报酬，而雇佣者主要是按劳动时间获得报酬。

个人经济体的三种盈利模式

依托互联网平台卖产品盈利。例如，微商通过微信、"网红"直播通过抖音或快手、淘宝店家通过淘宝平台，卖产品盈利。

为互联网平台公司提供服务盈利。例如，外卖骑手为美团、58同城兼职保姆为58同城等互联网平台提供服务盈利。

利用互联网平台，运营个人IP盈利。例如，律师、保险代理人和企业培训讲师利用网络平台，打造个人IP，吸引粉丝，为粉丝提供产品和服务盈利。

个人经济体崛起，更多人选择创业而不是就业

农业化时代，以家庭为经济体，经济体的组织关系是以师徒制为主。

工业化时代，以企业为经济体，经济体的组织关系是以雇佣制为主。

互联网时代，以个人为经济体，经济体的组织关系是以合伙制为主。

创业，现在成为越来越多的年轻人的选择。现在的很多年轻人不再选择稳定的工作，不愿意过一眼看到头的生活，更渴望靠自己的双手去创造财富，实现自我价值。互联网进一步发展和"大众创业、万众创新"大浪潮滚滚向前，以及政府机构对创业者的支持与帮助和创业大背景的繁荣，都为创业者提供了持续的良好环境。

二、绩效考核失效的五大原因

老皮是 ZB 智造的创始人，公司主营模具、塑胶等业务，并为大型品牌公司贴牌代加工家电产品。他向我讲述了 ZB 智造实施绩效考核的经过：

"为了提高企业管理效率、提高员工积极性，我们花了 30 万元，请一家管理咨询公司为 ZB 智造实施绩效考核制度。

"这家咨询公司承诺每月上门提供服务，他们的咨询师每月到 ZB 智造主持月度绩效会议。第一个月，我参加了会议；第二个月，我也参加了会议，但再也不想参加了。这不是在开绩效会，而是在相互扯皮、推诿，简直就像杀猪会。主持会议的咨询师被 ZB 智造的几个"老油条"整得没脾气，绩效会议开了 3 次就开不下去了，ZB 智造的绩效考核制度最后不了了之。"

很多企业先后使用了绩效考核工具，但依然解决不了问题，为什么员工还是没有主动性，没有绩效？事实上，五大原因导致了绩效考核在中小企业基本失效。

1. 忽视了战略的不确定性

绩效考核的目标，是将企业战略层层分解到部门、个人，通过一系列关键指标的达成，保证战略目标的完成。

但是，企业所处的时代环境不一样了。绩效考核工具发明和推广应用是在 50 年前的工业化时代。那时，一切都是可以预测的，一切都是有确定性的，丰田公司的战略可以按照 30 年规划。今天的互联网时代，最大的特点是不确定性。

"这是一个 VUCA 的世界。"宝洁公司前首席运营官罗伯特·麦克唐纳（Robert McDonald）借用"VUCA"这个军事术语来描述这一新的商业世界格局。VUCA 指的是不稳定（volatile）、不确定（uncertain）、复杂（complex）、模糊（ambiguous）。这些因素描述了企业在展望它们当前和未来的状态的情景，表明了企业在制定政策或计划时的边缘性。

在不确定的时代，制定战略目标本身就充满了不确定性，确定战略目标成为非常大的挑战，可能偏高，也可能偏低。以不确定的战略目标为基础，层层分解的绩效考核指标就会出现：要么指标定高了，员工无法完成；要么定低了，失去考核的意义。现实的情况是：中小企业为了适应市场变化，战略目标可能以季度甚至月度为单位调整。甚至月初定的指标，10 天以后就发生了变化，相应的绩效考核指标也要调整，对员工绩效的考核完全没有连续性，最后失效只是时间问题。

2. 忽视了企业的差异性

众所周知，联想、华为、阿里巴巴、谷歌等大型公司应用绩效考核，并通过绩效考核结果奖励 20% 的优秀员工，淘汰 10% 的不合格员工。但是，为什么中小企业实施绩效考核很难取得成功？这是因为，绩效考核的企业主体不一样，大企业和中小企业之间有巨大的差异，如表 1-1 所示。

表 1-1　大企业和中小企业存在的差异

	大企业	中小企业
依赖性	员工对企业依赖性强。期望在企业内部获得学习成长、升职加薪，以及储备未来创业的各种资源	员工对企业依赖性低。中小企业资源有限、员工发展空间有限，对绩效考核结果不满意就离职
规范性	企业管理规范，制度清晰，流程健全	管理不规范，缺乏制度和流程
持续性	持续性强。强势 CEO 推动，高素质管理人员和专业 HR 负责实施，不断调整优化，绩效考核有持续性	持续性弱。老板集权式管理，随意性强，没有高素质人才组织实施，大部分是虎头蛇尾，草草收场

很多人认为，组织的绩效跟每个人关联度很高，可实际上，组织的绩效最重要的、关联度高的其实是管理者。如果我们管理者胜任，我们就可以让本不可以胜任的人胜任。

3. 忽视了员工的主动性

绩效考核的实施，是通过层层分解绩效指标到员工个体，员工被动接受领导的考核。实施的结果是：由于考核结果是弱激励，员工没有兴趣参加绩效考核，只能被动考核被动干。实际上，员工对绩效考核的理解就是："听领导的话，为老板干。"完全忽视了员工的存在价值，忽视了员工的主动性、创造性。

忽视了员工的主动性会导致两个结果：

第一，绩效考核的目标是让全员一起努力完成企业目标，如果员工没有主动性，那么完成企业目标的可能性就很低；

第二，员工不主动承担责任、不愿主动解决问题，导致他的领导要不断帮助员工解决问题，老板要不断解决下属管理者的问题，公司上下疲于奔命。

4. 忽视了结果的重要性

工资的本质是什么？工资不是交换时间，而是交易结果。公司给员工支付工资成本，是要求员工能产出结果。企业的一切经营活动就是不断投入工资和其他成本，并产出结果。但在绩效考核中，我们使用了太多非结果性指标，忽视了结果的重要性。

忽视员工的产出结果，只会导致员工只关心领导下达的绩效考核指标，不关心最后的结果。比如：张山本月的绩效指标是招聘10名销售人员，请问这是过程指标，还是结果指标？如果没有详细说明，张山在月底可能有以下三种情况。

第一种情形：完成了招聘10人的计划，张山绩效达标。但是10名新员工参加入职培训，只有5人培训结业，最后只有1人通过试用期，被公司正式录用。

第二种情形：没有完成招聘计划，只招聘了 5 名员工，绩效没有完成，要罚款 200 元。但是 5 名新员工参加入职培训，最后有 3 人通过试用期，被公司正式录用。

第三种情形：完成了招聘 10 人计划，张山绩效达标。10 名新员工参加入职培训，只有 8 人培训结业，最后有 6 人通过试用期，被公司正式录用。

"招聘 10 名员工"这个绩效指标，看起来是结果指标，但实际操作很容易成为过程指标。就像第一种情形：完成了绩效，但没有结果。为了向员工强调结果的重要性，必须界定清晰结果指标：7 月完成 10 名 P3 级销售人员，并且 10 名销售人员要通过试用期考核。

5. 忽视了利益的关联性

什么是利益的关联性？网约车司机为什么愿意抢单？为什么每天工作 12 小时仍无怨无悔、任劳任怨？

（1）为自己干。网约车司机普遍认为不是为老板干，而是为自己干，所以主动干。

（2）机制透明。网约车司机感觉为自己干，是因为网约车抢单机制建立在公开透明的积分机制上，多干活、多抢单、多赚钱。

（3）自己做主。什么时候抢单拉客，自己决定；工作时段、工作时长、工作地点，自己决定。

（4）及时兑现。发生的每一笔交易、每一笔收入，及时兑现。就像打游戏一样，通关了，马上可以升级。网约车司机的收入，干得好的，每月2万多元；干得一般的，每月2000多元，相差10倍左右。网约车司机抢单规则的利益关联性，让1000多万名司机参与，网约车公司生意能不火吗？

假定张山是人力资源管理者（HR），张山每月工资5000元，人力成本7500元。张山7月的绩效指标是招聘10名员工，8月的绩效指标是招聘20名员工，9月的绩效指标是招聘5名员工，三个月的结果完全不一样，但由于绩效考核的弱激励性，张山7—9月的收入都在5000元左右。请问10月张山自己选择的绩效指标是招聘多少人？肯定低于9月的绩效指标5人。这就是员工不肯主动干的根本原因，干多和干少的结果不一样，但收入基本一样，这样的制度设计，谁愿意多干？

绩效考核的目的是提高经营效率，完成战略目标。作为一种制度设计，首先是要考虑员工是否愿意参与，如果员工不愿参与，制度肯定会失效。要员工参与的关键，不仅仅是强激励，让员工多赚钱的问题，而是要充分考虑绩效考核的利益关联问题。

从分析雇佣制的五大危机，到绩效考核失效的五大原因，我们得出的结论是：基于传统雇佣制的体制已经不能适用市场环境的变化，为老板干的雇佣制必将被为自己干的单元合伙制取代。

三、单元合伙，为自己干

1. 单元合伙是什么？

单元合伙，就是让员工从就业到内部创业，实现共同富裕的经营体制。具体就是，公司建立共创、共担、共享平台，让员工零风险、零成本内部创业。从管理激励员工就业为老板干，到平台赋能内部创业为自己干，提高经营效益，实现共同富裕。

单元合伙的核心是让员工为自己干。人的本性都想为自己干，为自己干才会主动干，为老板干只能被动干。要想让员工主动干，必须尊重人力资本的价值，让员工为自己干。

99%的企业都是平台合伙。平台合伙是指具有合伙人资格的员工通过期权行权后直接或间接在平台公司持股。当平台公司首次公开募股（IPO）后，员工能通过售卖股票获得高额套现收益。如小米2018年7月在港交所上市，一夜之间诞生5000多个千万富豪。对大多数难以上市的中小企业而言，平台合伙不仅难以给员工高回报，也容易形成内部分配的大锅饭、股权激励变成股权福利。

单元合伙是将企业划分为各个相互独立的经营单元，每个合伙人在各自负责的经营单元与企业形成特定的合伙机制。比如，韩都衣舍的小组制、小米的生态小微、海尔的创客、芬尼克兹的裂变创业等，单元合伙是中小企业寻求组织变革，紧紧拥抱互联网时代的最优选择。

传统科层管理制与单元合伙制的差异如表 1-2 所示。

表 1-2 传统科层管理制与单元合伙制的差异

项目	科层管理制	单元合伙制
为谁干	员工为老板干，被动干	员工为自己干，主动干
适合企业	适合大型企业	适合中小型企业
员工目标	升职加薪，当经理人	内部创业，当老板
合作机制	分岗位分层级 工资+奖金+福利+股份	不同对象不同模式 分红+分包+分股+分拆
培养目标	培养劳动者、管理者、打工者	培养创业者、经营者、投资者
实施效果	管理成本高、效率低	简单能落地、利润增长

2. 从为老板干到为自己干

"人欲即天理"

苏格拉底说："认识你自己。"当自然哲学的权威忽视人自身的价值而追求变化万千的自然时，当神的旨意将人的思想封锁禁锢在虚无缥缈的时空时，苏格拉底用毕生的力量与智慧呼喊出这句箴言。这句箴言将人们的目光从遥远的未知世界拉回现实，注视属于自我的平凡而真实的宇宙，从而领悟主宰这个世界的并不是阳光和雨露，而是我们，是我们内心的"善"。

苏格拉底是有勇气的。他告诉人们，不要刻意追寻自然世界的本原，内心的"善"才是整个宇宙的主宰。所以，认识你自己，用内心感知周围的世界，用"善"的眼光看待周围的人，感受他们的喜怒与悲欢。而这才是人类以有限精神追求无限智慧以达到永恒的唯一途径。

苏格拉底的哲学，是正视人的本身，挖掘人内心的"善"的力量。从人性的角度看待世界，理解世界，从而强调了自我个体的存在，在自然哲学家统治的世界里发出人的呐喊。

王阳明，一个苦恼思考"理学"精髓而不得的人，一个格竹七天而不知"真理"的人，一个敢于挑战权威的人，在不同的时空喊出了同苏格拉底相同的声音——"心即理"！将夫子们举而论道的"理"从天上拽下，狠狠地摔到地面，成为凡人物欲的附属。从此一个属于中国哲学的亮点在"朱学"的阴影下萌发，渐渐扩大成人本的光辉，照耀几近垂朽的儒学。

王阳明的哲学，则是重视人的思想情感，将人欲推向新的高度，根据内心所想决定自我的方向。使人成为有理想、有情感的活人，而非"天理"笼罩下冷冰冰的灵魂。

学者辛昱杭的结论是：苏格拉底和王阳明，将"人"这一个体从各自的禁锢中解放出来。鼓励人们正视自己的内心，坚持自己所想，用人性的视角理解周围事物，从而使人真正成为"人"，成为我们现今看到的有灵魂的、有思想的、有追求的活生生的人。

"利己"是经济活动的根本

亚当·斯密认为，经济人的"利己"是积累财富、推动社会进步的动力。斯密眼中的利己与利他，是经济人进行经济活动的两种行为。利己是进行经济活动的根本，是主要的，是要实现的目标；利他是经济活动的附属品，是次要的，是产生利己结果的额外收获。近些年来，在博弈论的推动下，似乎大家已经统一趋向了正和博弈这种利己、利他关系。

为什么"90"后员工更想为自己干

未来新生代员工的个人目标是什么？创业当老板，为自己干！

第一，"90"后以"个人"为本位，具有较强的自我意识和独立人格。"90后"重视平等和尊重，排斥纵向的、命令式的、强制性的人际交往关系，沟通方式呈现对等、横向特征，与"个体"本位和相互尊重相关联。"90后"的行为模式强调自主决策和自我选择，而这背后隐含"理性"的思维方式：个人的目标函数清晰，能比较准确地把握影响变量及约束条件，并且趋利避害地作出自己认可的优化决策。

第二，互联网时代，创业成本无限趋近于零。20年前，想低成本创业最起码得有一个店面，你才能做生意。但是在互联网时代，仅凭一部手机就可以直播带货。这是一个最好的时代，互联网渗透和影响着各行各业中的每一个人，这是历史上从来没有出现过的时代，是一个草根可通过自己的努力崛起的最好的时代。你如果有一门手艺，拥有一个绝活、技能，找到一个正确的渠道，就可以在自己的专业领域轻松赚到钱。

关注个人目标，从管理到赋能，让员工为自己干

曾鸣教授认为，未来的组织会演变成怎样现在还很难看清楚，但是未来组织最重要的原则却已经越来越清楚。那就是赋能，而不再是管理或者激励，这是一个非常重要的概念。

按照陈春花教授的观点：过去我们做管理，主要的动作都是在管控。在组织管理中，核心就是解决四个关系：个人与目标的关系；个人与组织的关系；组织与环境的关系；组织与变化的关系。

今天的难题在于这四个关系完全变了。过去，个人与目标的关系要求个人一定要服从目标，个人要对目标有所贡献，不然组织会把这个人淘汰。个人与组织的关系是组织常常专注于自己的目标，而忽略个人。

在组织的设计里只有角色，没有具体的人。同样，我们要解决组织与环境的关系，因为任何一个组织如果没有匹配环境，环境都会把这个组织淘汰。最后必须解决组织与变化的关系，因为不适应变化的组织也会被淘汰。

第一，现在变成了组织目标必须涵盖个人目标。如果没有涵盖个人目标，个人与组织就不发生关联，这是第一个变化。第二，我们不能忽略个人，我们发现个人很强大，个人与组织的关系变了。同样地，环境不确定，变化不可预测。这四对关系都变了。

如果按照原来的管理者角色定位,管理者是一个控制者、决策者、信息者和人际关系者,已经解决不了这个问题。所以,互联网出现之后,管理者要关注个人,关注个人目标,开始从管控个人到赋能个人目标达成。

雇佣管理制,老板是为自己干,全力以赴、任劳任怨;而员工是为老板干,所以被动干。

单元合伙制,赋能员工为自己干,使员工原力觉醒,激发潜能主动干,实现自创业、自组织、自驱动。

3. 从就业到内部创业的组织进化

生产关系必须适合生产力的发展

阿里巴巴张勇认为,生产关系不对,再好的商业设计也都是空中楼阁。

首先是生产力决定生产关系的类型和性质,有什么样的生产力就有与之相适应的生产关系。其次是生产关系对生产力起反作用,这种反作用表现在:适合生产力发展要求的生产关系,能有力地推动生产力的发展;不适合生产力发展要求的生产关系,会阻碍生产力的发展,甚至破坏生产力。

因为不适合生产力发展要求的生产关系,迟早要被适合生产力发展要求的生产关系代替,归根结底是生产力决定生产关系,而不是生产关系决定生产力。生产关系一定要适合生产力发展的要求，是人类社会发展的客观规律。正是这一规律决定着社会生产关系的更替，决定着人类社会从低级阶段向高级阶段的发展和前进。

就微观的生产力和生产关系而言，生产关系主要是企业层面的老板与员工的关系。任何生产力的创造，回到商业基本原理，都离不开生产关系。合适的生产关系会激发和创造生产力，反过来再好的战略定位、业务策略、商业模式，如果生产关系不对，基本上都是空中楼阁，都是内耗。

在互联网时代，生产力极其发达，而企业雇佣制的生产关系已经不适应社会经济发展需要。因此，在企业层面，内部创业当老板，为自己干的单元合伙制成为契合生产力发展的生产关系。

知识劳动者正在改变传统的雇佣关系

工业化时代，货币资本雇佣人力资本。工业化时代以制造业为主，货币资本是主导因素，人力资本处于从属地位。剩余价值是绝对从属于货币资本所有者的，货币资本因为在企业中是绝对的强势资本而获得了最多的剩余价值。

从资本雇佣劳动到知识雇佣资本。互联网时代，企业价值创造的要素发生了深刻的变化。工业化时代，员工主体是体力劳动者；互联网时代，员工主体是脑力劳动者。脑力劳动的知识创新者日益成为企业价值创造的主导要素，这改变了过去资本和劳动之间的博弈关系。原来是资本雇佣劳动，而互联网时代则是知识雇佣资本，知识型员工在与资本博弈的过程中越来越占据主导地位。

华为提出了知本论。从资本论到知本论，开始强调资本和劳动是相互雇佣的关系。海尔的人单合一机制，重新定位了人与组织的关系。这种定位以人为核心，实现了"组织人"身份向"自主人"身份的转变。人与组织的关系彻底变成了主动关系、伙伴关系、激励支持关系和共赢关系。

互联网时代，是人力资本与货币资本相互雇佣的时代。互联网时代，人力资本和货币资本不再是简单的雇佣关系，而是相互的雇佣关系，人力资本不仅要有对剩余价值索取权，更要有企业经营决策话语权。人力资本与货币资本进入相互雇佣、相互成就的共治时代，实现共创、共担、共享的新型治理模式。

单元合伙，让人人成为创业者

互联网时代，新的组织范式的关键要素是什么？学者彼得·威利斯的结论是"在商业世界中，我们需要具有企业家精神的企业来解决未来的许多问题"。

这种具有企业家精神的企业，其核心要素就是在组织中生成那些具有企业家精神的人。"生成那些具有企业家精神的人"不是只有说企业家、管理者才必须具有企业家精神，而是人人都具有"企业家精神"；不只是自上而下地发动与带动，而是每个节点、每个人都是动力源。这意味着对于管理者而言，你不但是率先垂范者，更是发动者。

工业化时代，是以雇佣制为基础建立企业组织。所有管理理论和管理工具都是建立在雇佣制范式上的，雇佣制的本质是让员工为老板干。在互联网时代，员工都想为自己干，传统的管理工具基本失效。如果拿着雇佣制范式的管理工具修修补补，如一件衣服补丁越来越多，越来越难看，我们必须寻求新的组织变革，找到适合互联网时代企业发展之路。

传统的雇佣制组织形式，是为了提高生产效率，以生产社会化分工为基础的。当生产力不再是"瓶颈"的时候，组织设计能力将是发展的"瓶颈"。而组织设计效率的提升需要发展新型的组织形式和生产关系，在这个基础上，形成从传统雇佣制组织向单元合伙制组织的变革。

雇佣管理制，员工就业为老板干，被动干；单元合伙制，内部创业为自己干，主动干。

互联网时代，企业组织进化的三大特征

过去很多企业的成功，凭借的是领导者"抬头看路"，而基层员工"低头拉车"。在互联网时代，"企业＋雇员"的传统企业组织形式已越来越显现疲态。波士顿咨询的一项研究报告显示："在组织内部，相较于前辈，新一代的员工希望在较短的时间内实现自我成就，最大化其市场价值。因此他们会希望老板扮演'辅导者'的角色，要求上层充分放权，赋予其更大的灵活性。"

互联网时代企业的组织变革需要从"火车模式"变成"动车模式"。

传统雇佣制的组织形态中上下级关系明确，下级对上级提出来的要求、标准需要服从。这属于典型的"火车模式"，企业发展靠领头者的能力，"火车跑得快，全靠车头带"。企业平台化则属于"动车模式"，企业发展靠每节车厢共同驱动。

单元合伙，让人人成为创业者，是"平台+单元合伙人"的组织模式。从就业到内部创业的组织进化有三大特征：组织单元化、员工创客化、企业平台化。

韩都衣舍是一家典型的平台型服装企业。韩都衣舍的组织架构非常扁平，通过摄影、淘内运营、淘外运营、生产、储运、客服等后台赋能，共同为300多个"小前端"产品小组服务。每个"小前端"的产品小组由3人组成，包括设计师、页面制作专员、货品管理专员。产品设计、页面制作、库存管理、打折促销等非标准化环节全权交由各小组负责。韩都衣舍的平台化组织，既实现了每个"小前端"的个体价值，也使得整个平台组织实现更快的成长。

韩都衣舍通过切合互联网时代的组织变革，实现了"款式多、更新快、性价比高"，屡次斩获天猫平台销量冠军。韩都衣舍的组织创新有以下三点：

（1）组织单元化。韩都衣舍的每个"小前端"就是一个内部独立的小组，实现了组织单元化。韩都衣舍保持"小前端"小组团队规模的小型化和灵活性，可以更好地满足客户需求并进行持续创新、迭代。

（2）员工创客化。3人小组内的设计师、页面制作专员、货品管理专员都属于"内部创客",能更好地实现为自己干的梦想。

（3）企业平台化。平台化是指去掉中间层,把整个组织变成根据业务需要成立的自由团队。韩都衣舍通过平台化组织赋能每个"小前端"产品小组,为企业规模化提供保障。

第二章 企业回归经营本质

传统企业管理的五大坑

阿米巴经营失灵的五大因素

平台 + 单元，回归经营本质

为什么绩效考核、阿米巴、股权激励等企业管理工具在很多企业都解决不了问题？

所有企业管理都是以科层制为基础，设计组织结构，定岗位，定职责，定制度。

企业的本质不是管理，而是经营。管理是花钱的，经营是赚钱的。

单元合伙的第二大创新："回归经营本质。"让人人主动增加收入，降低成本。

第二章　企业回归经营本质

一个秋天的下午，一名女士到了一家民营医疗机构 HZ 口腔医院。

前台接待："张医生，请接诊？"张医生回答："我在忙！"

前台接待："李医生，请接诊？"李医生回答："我在忙！"

前台接待："赵医生，请接诊？"赵医生回答："我在忙！"

前台接待："王院长，请接诊？"王院长是 HZ 口腔医院创始人，苦笑了一下回答："让我来。"

这是王院长向我们咨询的时候描述的上述场景，并补充道：你觉得医生真的都在忙吗？他们是抢客户，还是拒绝客户？我们中小微企业管理员工太难了！王院长说，HZ 口腔医院已经成立了 10 年，现有医护人员 60 多人，为了提高医护人员的积极性，我支付的工资水平在当地比较高，所有医护人员都有劳动保险、医疗保险，另外也有绩效奖励；两年前我也搞了股权激励计划，18 名核心医护人员合计持有了 72% 的股权。

HZ 口腔医院存在的问题有以下四个：

（1）组织结构效率低。HZ 口腔医院的组织结构是典型的小企业大机构；管理花钱的人多，经营赚钱的人少；深井式的科层组织，"部门墙"导致事事需要院长协调，运营效率低。图 2-1 是 HZ 口腔医院改制前的组织结构。

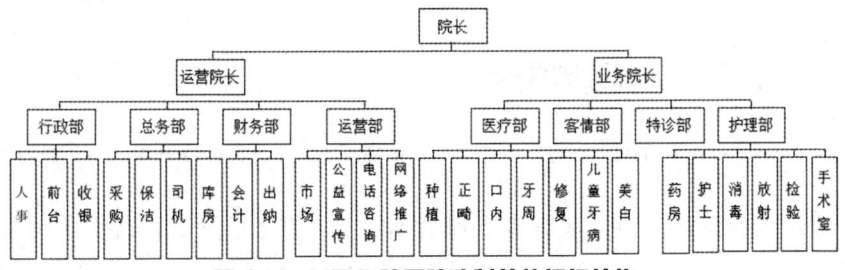

图 2-1　HZ 口腔医院改制前的组织结构

（2）医护人员工作并不主动。医护人员拿的是固定工资，干多干少工资都一样，医生不主动接诊患者服务客户，更不愿意要求老客户转介绍新客户。有能力的医生都想积累经验后离职，开诊所创业当老板。

（3）没有人对患者客户负责。科层组织结构，全员认真做管理，最后对老板负责；没有人对患者全程负责，检查分诊是一个人，手术治疗是一个人，术后客户沟通是一个人，但是患者需要的是专业医疗团队全程服务。

（4）营业收入不能持续增长。每月医院营业收入不稳定，投资回报率低；投资人焦虑，作为创始人，王院长也倍感焦虑。

许多中小企业都遇到了和HZ口腔医院一样的问题，到底错在哪里？我们先来分析传统企业管理的五大坑。

一、传统企业管理的五大坑

1. 管理工具基本失效

今天，中国的中小企业主不同程度地参加过MBA总裁班，或者其他管理培训的学习，对企业管理从理论到实践都有了一次大的提升。但是，现实中的中小企业仍然普遍存在以下问题。

（1）**员工出工不出活**。表面上8小时打卡上班，没有迟到，没有早退，但是也没有产出，没有绩效，甚至是零绩效。

（2）**自扫门前雪**。很多公司都设计了组织架构，定岗定编定职责，还有详细的岗位职责说明书。员工以此为依据，不愿做本岗位以外的工作，更不愿意帮助其他人，与其他部门合作。

（3）**不愿承担责任**。缺乏主动性，不能发现问题，更不能解决问题。"巨婴"思维严重，遇到问题，要么推卸责任，要么等指令、靠别人、要资源，就是拿不出结果。

（4）**工作可以打折，工资不可以打折**。每个月工作计划完成率达到100%的不多，工作执行每月打折扣，但是绩效考核扣工资时，员工的意见很大，轻则闹情绪，严重的私下黑老板甚至带团队集体离职。

（5）**只关心加工资，不关心是否赚回工资**。加入公司应聘面试时，谈及薪水，标准答案都是："我希望我的工资不低于××。"加入公司后，每年最关心的是涨薪调工资，自己为公司做了多少贡献，创造了多少业绩，不关心；自己的业绩能否赚回工资费用、人力成本，不关心。甚至，每年加薪都是天经地义的。

（6）**"坏人"偷懒了，"好人"吃亏了**。所有人都认可：公司80%的业绩是由20%的人创造的，这是二八定律。但问题是在薪酬保密和平均主义的影响下，创造80%业绩的"好人"所得收入，与创造20%业绩的"坏人"的收入相差并不大。

不要在"破衣服上打补丁"

进入互联网时代,虽然企业管理界的各种理论创新层出不穷,但仍然是在雇佣制基础上的创新变革,其核心仍然是让员工为老板干。不管是以平衡积分卡为代表的绩效考核系统,还是打着稻盛和夫光环的阿米巴模式,以及最近几年被老板视为企业标配的股权激励计划,都出自雇佣制的工业化时代。这些基于雇佣制的管理创新,运用到劳动力市场供求失衡的互联网时代,无疑是在"破衣服上打补丁"。

蚂蚁不可能穿大象的裤子

哈佛的管理理论以大企业案例为主,全球的管理理论创新都是以大企业为研究对象。大企业就像航空母舰,战略稳定、资源充沛、人才济济、资金雄厚,员工求职首选大企业,大企业好招人就好管人、留人;而小企业就是小舢板,方向模糊、资源稀少、人才匮乏,员工求职意向不强,对企业依赖性差,企业难招人也不好管人、不好留人。因此,大企业成功应用的管理方法,中小微企业没有实施的资源和基础,中小微企业不要盲目地学大企业的成功之路。

大企业是"大象",中小微企业是"蚂蚁"。当前所有管理理论和管理工具都是以"大企业"雇佣制范式下的应用为原型的。很多中小微民营企业"依葫芦画瓢",不假思索地照搬过来,理直气壮地觉得大企业成功了,我也能成功。殊不知,"蚂蚁不可能穿大象的裤子"。

2. 科层组织效率低

专业化分工产生了科层组织

古典管理理论有两个很重要的思想：专业化分工和科层制。亚当·斯密（Adam Smith）在1776年出版的《国富论》中第一次提出了劳动分工的观点。亚当·斯密认为，劳动分工对提高劳动生产率和增加国民财富具有巨大促进作用。分工的起源是人的才能具有自然差异性，那是起因于人类独有的交换与易货倾向，交换及易货系属私利行为，其利益决定于分工。亚当·斯密以当时的制针业来说明。他认为，如果制针业工人各自独立工作，不专习一种特殊业务，那么他们不论是谁，绝对不能一日制造20枚针，说不定一天连一枚也制造不出来。他们不但不能制作出今日由适当分工合作而制成的数量的1/240，就连这数量的1/4800，恐怕也制造不出来。

科层制是德国著名社会学家、政治学家、经济学家、哲学家马克斯·韦伯（Max Weber）最早提出的概念，也被称为官僚制。马克斯·韦伯提出的科层制体系具有以下特点：

（1）明确的分工；

（2）自上而下的等级；

（3）人员任用完全根据职务需要；

（4）职业管理人员；

（5）遵守规则、纪律和详尽的规章；

（6）非人格化的关系。

随着资本主义专业化分工的不断发展，各种产品生产之间的协作更加密切。通过产品的市场化和市场自动调节，使生产过程各环节形成一个不可分割的工业化大生产整体。科层制组织被视为与工业化大生产劳动分工相适应、能提高生产效率的最为理想的组织架构，被企业一直沿用至今。

因效率而生的科层组织并不效率

效率是企业的生命线，是企业一切行为的出发点。在雇佣分工多样化、专业化的情况下，企业科层组织被认为是突破雇员有限理性的有效方式。科层组织早期在企业中存在的主要作用是监督生产一线雇员的生产活动，避免因为企业员工的不作为而降低企业效率。企业内部制定了多种考核细则和各种规章制度，使企业内部努力的员工得到更多的奖励，而对工作不负责任的人将受到惩罚。

工业化时代，"科层组织"几乎是企业组织的同义词，是企业获得效率的最佳载体。但是，从科层制诞生的那一刻起，它就是一个"怪胎"，身上存在着若干致命基因。科层组织适用于相对稳定的、静态的社会与经济环境，科层组织容易导致漫长的决策流程和决策环节，难以适应快速的市场变化。在决策过程中既涉及同一层级不同专业管理者之间的协调，也涉及上下级管理者之间的交叉协调。

穆胜博士从企业科层组织的"部门墙与隔热层"的角度阐释了企业

科层组织阻碍组织效率。他认为：从横向关系上看，科层制最大的问题是"部门墙"。科层制下，原本两个部门各司其职，但又不可能做到楚河汉界一样分明，一定会存在一个区域是双方的"交叉职责"。分工的难度不在于界定每个角色做什么，而在于界定每个角色在各种情况下做什么。只要能够找到没有完成工作的理由，那么职责就一定没有划分清楚。从纵向关系上看，科层制最大的问题是"隔热层"。由于很难把权力的边界划分清楚，上下级之间沟通不畅，信息传递不上来，任务落实不下去。"部门墙"和"隔热层"把企业分成了若干小方格，员工在自己的小方格里把工作内容缩减到极致，抓权卸责、揽功推过成为常态，让企业出现"大企业病"——效率低下、内耗严重，并且缺乏创新。

企业决策层层下达、执行效率层层递减

典型的企业科层组织中，如果企业最高领导层空缺或不行使职能，企业将会出现"群龙无首"的状况。旗下的各个职能部门将无法沟通协调，陷入各自为战或低效状态，变成一盘散沙，企业组织也将走向崩溃。科层式组织中，最高领导层发出指令，通过上传下达来完成信息的传递与反馈，但当上传下达通路中的任何一个节点出现"断路"问题时，信息流动就会被遮断，工作将无法开展，也会出现功能性丧失，协作也将无法发生。科层式组织中的最高领导层发出指令后，上传下达通路中的任何一个节点出现"电阻"问题，信息流动与协作将会被延缓及降低，工作将会被迟滞。

3. 只管花钱，不管赚钱

老肖创办了 ZC 公司，主营城市消防应急服务。ZC 公司盈利模式主要是每年向合作园区企业收取服务费，属投资回报率比较高的企业类型。但老肖发现，ZC 公司每年财报显示的营业额不错，但管理费用过高，ZC 公司几乎没多少利润。

原来，肖老板为了壮大队伍，从外面挖了不少人。为了吸引人才加入，只要看顺眼的或者资历不错的，肖老板就委任其为集团副总裁或者总监。久而久之，ZC 公司管理部门臃肿，光集团副总裁就有 6 人，集团各部门的总监、主任、各地分公司的总经理更是不计其数。过于庞大的管理机构，造成人浮于事的"病态"。老肖有一次苦笑着说："我们 ZC 公司有一位副总裁，几年下来，专业技能没啥提高，但是审批签字水平突飞猛进。"

为了养活 ZC 公司和这帮弟兄，老肖成了 ZC 公司最大的"打工仔"，几乎每天在"移动办公室"，半年下来，仅驾车谈业务都跑了 10 万多公里。

管理人员多，管理成本高

当组织规模扩大到一定程度时，必须通过增加管理幅度来保障有效领导。在科层制管理体制下，各部门往往会精心构思自己的行为，使自己的目标凌驾于整个组织的目标之上。这种分散主义和利益分歧，或许能够实现局部利益的提高，却弱化了整个组织的功效。随着管理层次的增多，指挥路线的延长，信息传导与沟通的成本会急剧上升，就可能造成信息在传递过程中的失真，导致企业存在层次重叠、冗员多、成本高、浪费大、对市场反应迟缓等缺陷，阻碍企业的进一步发展。

科层组织还容易导致企业机构臃肿，官僚风气盛行。伯格联合咨询师发现，很多企业老板为把企业内部各部门、各环节衔接起来，又增加许多管理人员作为"协调器"和"监控器"。管理人员在企业人数所占比重逐年增加，管理费用居高不下，陷入"帕金森定律"（Parkinson's Law）两难困境。

帕金森定律由英国著名历史学家西里尔·诺斯古德·帕金森（Cyril Northcote Parkinson）提出，帕金森定律也被称为"官场病""组织麻痹病"。帕金森教授分析，一个不称职的企业部门负责人，可能有三条出路：

第一条路，申请退职，把位子让给能干的人；

第二条路，让一位能干的人来协助自己工作；

第三条路，聘用两个水平比自己更低的人当助手。

帕金森教授认为：第一条路，万万走不得的，因为那样会丧失许多权力；第二条路，也不能走，因为那个能干的人会成为自己的对手；看来只有第三条路可以走了。部门负责人宁愿找两个比自己水平低的助手也不肯找一个与自己势均力敌的下属。这样必然会陷入机构越多越大，扯皮越多而人员增加也越多的恶性循环。

全员认真做管理花钱，只有老板做经营赚钱

每个管理者都有增加机构、增加人员、增加费用的动力。每个人都喜欢为自己招聘尽可能多的部下，管的人越多越体现自己的权威，每天来请

示汇报的手下越多越有成就感。员工的工资谁发？当然是老板。结果是全员认真做管理花钱，只有老板一人做经营赚钱。许多中小企业慢慢患上了"大企业病"。

陈春花教授认为，当管理水平超过经营水平后，企业就离亏损不远了。管理为经营服务，管理水平不能超过经营能力。管理一定是要花钱的，企业想提高管理水平，要认真思考一下当前是否有足够的资金来提升管理水平，因为增加管理人员需要增加投入。现实中很多企业没有正确理解管理和经营，往往重视管理，淡化、忽视经营，这是典型的本末倒置，导致管理层级、管理人员、管理费用增加，企业利润减少甚至亏损。

4. 固定费用高，风险大

西贝莜面村是西贝餐饮集团旗下的主品牌，主营中式休闲正餐，系西北菜的杰出代表。西贝莜面村在全国60多个城市拥有400多家餐厅，员工超过2万人，每月工资费用支出1.56亿元。2020年新冠肺炎疫情期间，西贝创始人贾国龙的文章《疫情致2万多员工待业贷款发工资只能撑3个月》在网上刷屏。贾国龙先生谈到，占据企业30%成本的人员开支是当下疫情时期决定民营企业生死的最大问题。

没遇到危机的时候，贾国龙先生还认为自己挺牛，说西贝莜面村不缺钱，现金流足够。现在"黑天鹅"来了，他怎么也没想到可支配现金根本扛不住，一个月、两个月、三个月就耗没了。贾国龙说在这个行业里边他们的日子还算比较不错的，那日子不好的呢？西贝没钱了还能咬牙贷款，勒紧裤腰带发三个月工资，其他民营企业又怎么办呢？

工资费用成为中小企业主要的固定费用

例如，西贝莜面村每月的固定费用主要是工资费用1.56亿元。企业成本分为固定成本和变动成本。固定成本是指在会计期间和业务量范围内，不受业务量的增减变动而保持不变的成本费用。常见的固定成本如厂房和机器设备折旧、房屋租金和管理人员工资等。变动成本是指其成本费用随着业务量的变化而发生增减变动，与业务量有着直接的联系。常见的变动成本如原辅材料、汽电消耗和生产人员计件工资等。

民营企业在稳定和促进就业问题上贡献很大，人口老龄化所带来的劳动力短缺和定期调整的最低工资标准，对民营企业的人工成本影响尤为明显，工资费用将是主要的固定费用。

支付率，是评估企业风险的关键指标

支付率就是每月企业利润盈余用于支付企业固定费用的比例，即支付率＝净利润/固定费用。

以西贝莜面村为例，年营业额超过50亿元，平均每月的营业额近4.2亿元。公开资料显示的西贝莜面村的成本结构为：原材料占30%，人工综合成本占30%，房租占10%，税收成本占6%—8%，加上管理费用和广告费用，初步推测西贝莜面村净利润率15%。因此，西贝莜面村每月的净利润预测为6300万元。通过计算可知，西贝莜面村的固定费用只考虑综合人工成本 1.56 亿元，其支付率 =0.63/1.56=0.40。这就意味着西贝莜面村每月的利润盈余仅能支付 12 天（0.40×30=12）的工资费用。支付率低是西贝莜面村创始人贾国龙焦虑的根源所在。

工资费用高，导致企业风险大

长期以来，民营企业关注的财务指标是盈利能力，如营业额、利润率、净资产收益率，很少关心风险指标：支付率。表面上看，西贝莜面村营业额高、现金流好、盈利能力强，但实际上支付率很低。支付率低意味着企业"虚胖"，固定费用支付能力很脆弱，企业风险大。通过分析"支付率 = 净利润 / 固定费用"的公式，可以得出以下几个结论。

第一，固定费用是每月必须支付的费用。包括人员工资、设备租赁成本、资金成本、房租等。高固定费用就好比你按揭买房，每月必须从 2 万元的工资里拿出 1 万元支付房贷一样，每月都必须支付，每月都有支付压力。

第二，大多数民营企业最大的固定费用就是人员工资费用。降低人员工资成本就能降低固定费用，提高支付率。这次新冠肺炎疫情导致西贝莜面村 400 多家餐厅暂时停业，预计春节旺季营业收入减少了约 7 亿元，让西贝莜面村一直存在的经营风险显现出来。估计很多民营企业家像贾国龙一样，创业至今第一次感受到如此深刻的焦虑。

支付率这个全新的财务风险指标告诉民营企业创始人，要想控制企业的经营风险、增强反脆弱性，就必须让现金流持续；要想现金流持续，就必须提高支付率；要提高支付率就必须降低固定费用；要想降低固定费用就必须通过合理的机制将固定费用转为变动费用，让固定费用趋近于零。

5. 不可能以客户为中心

科层组织以老板为中心

中小企业组织特点是"以老板为中心"构成一个权力序列，企业的最终决策权集中于权力的顶层，权力自上而下逐级递减。高层控制低层，部门经理控制普通员工。传统的组织机构各大部门就像一个个深井，各个部门之间信息闭塞，所有员工就像处在深井之中，每个人的眼睛都只盯着自己的领导，并且只做领导安排的工作，这一现象被称为"深井病"。

在传统的科层管理体系中，强调员工的执行力，老板则拥有绝对的权力，这种自上而下的权力系统会不知不觉地在老板和员工之间形成一种家长和孩子的状态。其结果是，员工只是一名执行者、被管理者，他们的创造力和权力被剥夺了，相应地他们的责任也被剥夺了；而老板会认为员工不愿承担责任，老板自己要承担所有责任，这让老板感到压力巨大，身心疲惫。

重管理，不可能"以客户为中心"

传统科层组织管理体制，谁有考核权，谁就拥有决定员工薪酬的权力。员工只有完成领导下达的指标，才能获得预期薪酬，员工只会重视领导而忽视用户，遇到用户有需求就认为增加了自己的麻烦。但领导的理性是有限的，可能会凭主观判断评分、凭感觉评分、凭关系评分，最后人人成为戏精做表面工作、人人站队搞关系。

　　重管理思维只会让员工"以老板为中心""以领导为中心"，不可能"以客户为中心"。没有人真正关注客户体验，主动服务客户、营销客户。在企业处于暴利和增长时，看不到问题；但是，因为整个企业远离客户，最后被客户抛弃导致关门却只是时间问题。

二、阿米巴经营失灵的五大因素

阿米巴，源自日本"经营之圣"稻盛和夫先生，他用"阿米巴"经营管理办法，创办了两家世界500强公司。78岁那年，还临危受命出任濒临破产的日航CEO，一年之后扭亏为盈。

那到底什么是阿米巴？阿米巴，其实在生物学上是指一种单细胞的变形虫。稻盛和夫就用"阿米巴"这个概念把公司打散，拆成一个个独立财务核算的经营体，每个阿米巴从原来的部门合作关系变成了交易关系。阿米巴模式将企业大组织分成小组织，培养具有经营意识的领导，让全体员工参与经营管理。阿米巴模式有三大支柱：经营理念、阿米巴体制和经营会计。

经营理念。培养员工具有老板的经营意识、利润意识。

阿米巴体制。企业划分为一个个小经营中心，以年度计划为基础，从企业内部选拔巴长，运营经营会计实现量化分权，将经营权下放，实现相对独立经营。

经营会计。建立内部买卖机制，独立核算，传递市场压力，促进企业内部竞争的外部化，创造积极向上的企业文化。

1. 应用基础：终身雇佣制，在中国不接地气

20世纪60年代，稻盛和夫在京瓷使用阿米巴的时候，日本的企业管理和西方管理有着非常特殊的文化差异。什么文化差异？文化差异是日本管理的"三驾马车"。

"第一驾马车"叫终身雇佣制；"第二驾马车"叫年功序列制；"第三驾马车"叫内部工会制。

终身雇佣制是指一家企业招聘一个员工时，是期待这个员工一辈子都为我服务的。当然，企业也要保证不能裁人，即使亏钱也不能裁人，企业给员工再培训后转岗也不会裁员。年功序列制是指工资不是按照员工的贡献来发放，而是按照在企业工作的年限来发放。日本企业相信每一个人每工作一年能力就涨了一分，就增加一部分工资。这背后的本质其实就是员工在一家企业待的时间越长，拿的工资就会越多，这样员工也就越不会离开企业。第二次世界大战之后，日本企业也引入了工会制，但是日本企业的工会和西方工会有本质区别。比如美国的工会是和企业对立的，而日本企业的工会和企业不是对立的，他们叫内部工会，就是把工会放在公司里面。这样员工和企业就不是对立关系，而是朋友关系、家人关系。

日本对这"三驾马车"非常自豪，说这是日本经营的三大支柱。稻盛和夫在实行阿米巴之前，这"三驾马车"是注入每个日本企业的"血液"

里面的。在这个制度下,稻盛和夫觉得这样不行。员工根据年限领工资,安排做什么就做什么,可我怎么知道他们的贡献大小,员工也应该知道自己的贡献大小。于是就有了阿米巴,这样每个阿米巴就知道自己创造的价值了。

先有终身雇佣制,再有稻盛和夫的阿米巴,阿米巴是建立在终身雇佣制的基础上的。阿米巴在中国为什么水土不服?一个重要的原因就是中国企业更像美国企业,没有终身雇佣制,员工就没有强依赖性。没有依赖性,就没有组织管理的高效率。

2. 收入核算:领导定价,依赖"圣人 + 能人"

为了挑战传统的科层组织结构,稻盛和夫作为探索者的出发点是建立经营体组织。只有当部门把自己变成公司,有经营的动力时,才会开源节流,才会形成合力,达到更高的经营绩效。要实现稻盛和夫提倡的"要让经营像玻璃般透明",经营的度量需要一套会计系统,计算每个阿米巴的收入、成本、利润,以及利润分配。如果每个部门都能把自己创造的收益用货币量化出来,不就有了经营的动力?

阿米巴模式中,部门与部门之间的业务交接采用货币支付的方式进行,也就是说,A 部门交给 B 部门的半成品,B 部门必须用钱去买,只有这种购买成立后,业务流程才能继续。如此一来,每个环节都必须全力讨好自己的下游用户,这样生产的终端产品就一定是最优质的。

但问题来了,如何定价?谁来决定内部采购的价格?稻盛和夫的办法是领导定价。稻盛和夫先生要求的领导既要是"圣人",又要是"能人"。

"圣人"代表领导不偏私，不会为自己家的"小舅子们"多核定一点价格；"能人"代表领导无所不知，了解市场上的各类价格，了解企业的成本结构，了解改进的空间等。但问题是，这可能吗？你到哪里去找一群"圣人+能人"的领导？即使领导是"能人"，但只要他不是"圣人"，他所谓的"公平定价"就一定会被质疑。正因为领导者不可能是"圣人"，阿米巴的经营者就不可能是"信徒"，所以，阿米巴的定价总会被怀疑。当游戏规则都被怀疑时，阿米巴的经营者就一定不愿意继续参与，阿米巴的模式也就会被瓦解。

3. 成本核算：是费用分摊，还是为老板干

阿米巴经营模式是由各个阿米巴自主经营、独立核算的模式。对于公共费用，阿米巴经营会计的规则是：费用分摊原则。也就是将与生产经营相关的设备资源、房屋资源、物资资源、能源资源、人力资源进行货币量化，并合理分摊到各个阿米巴组织。公共费用分摊的层级是，集团控股公司→各片区→各分子公司→一级阿米巴→二级阿米巴→三级阿米巴，最后一直分解到最基层的阿米巴组织。

分摊费用包括：对既不能节约成本又不能创造利润的预算型阿米巴的费用都应该分摊；职能部门工作分为管控和服务两个部分，管控部分的费用也要分摊；不能明确费用归属、不易直接计量费用数值、费用数值对经营结果影响较大的费用由多个获益阿米巴按一定规则共同分担。从企业实际操作而言，职能部门不断增加，导致管理费用大幅度上升，需要分摊

的费用日益增长，而这些费用分摊支出并不是各个阿米巴能实际控制和决定的。

每个阿米巴的定价由领导决定，领导定价就意味着阿米巴的收入多少实际是由领导决定的。而强制执行的"费用分摊制"，导致每一级阿米巴无法控制实际经营费用，因为费用也是由领导决定的。每个阿米巴最终也无法决定自己的实际利润，导致每个阿米巴还是想要为老板干，阿米巴完全失去了经营的动力，阿米巴模式变成了以利润核算为主的"绩效考核管理"。当员工为老板干时，一定是被动干，不想干。阿米巴经营模式最终还是无法解决员工自驱力的问题。

4. 利润分配：敬天爱人，为集体做贡献

各个阿米巴独立核算了，我们就知道每个阿米巴创造的价值大小了。如果每个人都知道自己对企业贡献的大小，那自然会有一个想法：我的收入应该和我的贡献挂钩。那是不是应该按照创造价值的大小来发工资、发奖金、分股票呢？稻盛和夫不这样干。因为一旦挂钩，就和"三驾马车"管理方法矛盾了。

怎么办？稻盛和夫选择了一个非常有趣的办法，四个字：敬天爱人。敬天爱人意思是说，我们创造的价值、我们的贡献是为了集体。所以，如果一个人创造的价值多，贡献高，那么我们就在精神上给你奖励，一起吃饭，表扬你，承认你的贡献。你要问我，给钱吗？对不起，不给钱。因为给钱这事是根据年功序列制发放的。听到这里，你可能会不理解，这不是

"忽悠"人吗？

老板要求员工敬天爱人，员工信了，结果钱都被老板赚走了。既然敬天爱人，那老板要不要也一起敬天爱人？1984年，在京瓷25周年纪念的时候，稻盛和夫把自己所有股票都送给了员工。也就意味着，稻盛和夫是不持有京瓷股份的，后来稻盛和夫主掌日航的时候，更是零薪水。所以，稻盛和夫是真的敬天爱人，也是这样要求自己的。

问题是中国的民营企业老板，有谁愿意将自己的股份全部送给员工？所以，中国企业家在难以达到稻盛和夫的人生境界和思想觉悟的情况下，能切切实实领悟稻盛和夫的阿米巴经营哲学，并实施阿米巴模式是很困难的。

5. 底层逻辑：听领导的是政治体，不是纯粹的经营体

稻盛和夫激活每个业务单元的理念没有错，但提倡"领导定价"导致阿米巴模式无法落地。公平的定价应该是市场定价，是在自由的供需关系中产生的。在一个企业内大家都看领导时，企业是一个科层组织的政治体；只有在一个企业内大家都看用户时，企业才是一个市场化的经营体。阿米巴还是听领导的，所以是政治体，不会改变科层管理的底层逻辑。

阿米巴不是纯粹的经营体，其对于营收的提升是相当有限的。尽管阿米巴模式是由销售部门来确定采购量，然后再依次倒逼到供应、生产、研发等环节，但这种链条的传递中，领导定价依然是主导。大家都听领导的，依然没有激发出为自己干的激情和创造力。为什么张瑞敏对阿米巴模

式提出疑问，因为他认为创客应该直接面对用户需求，直接调动资源，激发创新，而非听领导的调配。

正因为很多企业没有搞懂阿米巴的这种特性，他们寄希望于阿米巴模式能够带来企业的营收增长，尤其是在企业的下行期。但事实是，由于阿米巴不是面向市场的经营体，无法对战略进行纠偏或创新，企业即使引入阿米巴模式却依然不能带来营收的增长，反而沿着原来的战略一路走到黑。

很少有人能够让企业员工都达到稻盛和夫经营的境界，普通人的思维惯性是自我和自利的，阿米巴模式自然很难落地。如果要激活组织，让人人成为自己的CEO，那么要进行经营体的改造，而不是底层逻辑仍是科层管理的阿米巴。

三、平台＋单元，回归经营本质

LZ 咨询公司拥有 40 个分部、600 名员工、总部管理人员 20 多人，老板是一位女强人。2019 年之前，每月营业收入超过 400 万元，扣除员工工资和房租固定费用 300 万元，每月利润超过 100 万元。表面上看，LZ 咨询公司每年利润超过 1000 万元、净资产收益率超过 50%，但支付率仅为 0.33，经营风险非常大。

进入 2019 年以来，LZ 咨询公司每月营业收入锐减为 200 万元左右，每月支付的固定费用仍然是 300 万元，结果每月亏损 100 万元左右，连续亏损了 6 个月，女强人也如"伍子胥过昭关，一夜愁白发"。

2019 年 6 月，LZ 咨询公司开始与员工转变合作模式，实行经营单元型的组织模式。

第一，公司从管理控制转为平台赋能，分部转为独立小微公司。平台为小微单元提供数据平台、资金支持、后台服务，总部平台职能转变的同时大量裁员，最后仅留 5 人。

第二，分部小微作为单元独立核算、独立经营，拥有独立人事权、财务权、分配权，每月分部小微毛利润30%归公司平台，其余70%归分部小微。分部小微负责人低成本低风险走上了创业之路，将原来依靠公司发固定工资的雇员变成为自己干的创业者。原来每个分部15人编制，分部负责人天天喊人手不够要招人，因为工资费用由总公司支付。改制后，人员工资全部由分部支付，各分部根据实际经营状况确定员工人数，有的分部只有8人。

第三，对于亏损的分部和分部负责人没有信心经营的分部，公司果断关停，累计关停了20个。

经过改制后，每个分部都实现了盈利，实现了自创业、自组织、自驱动。同时，各分部分配给平台30%的收入每月合计110万元，而总部人员每月工资等固定费用仅10万元。LZ咨询公司支付率从0.33提高到10，这意味着LZ咨询公司固定费用的支付能力从10天提高至10个月。

1. 企业的本质不是管理，而是经营

企业的本质是什么呢？三位大师级人物：彼得·德鲁克（Peter F. Drucke）、罗纳德·哈里·科斯（Ronald H. Coase）、约瑟夫·熊彼特（Joseph Alois Schumpeter）分别从不同角度分享了对企业本质的精辟见解。

社会职能原理

德鲁克一生著作等身，被尊为"大师中的大师"，人们赞誉他的著作

架起了从工业时代到知识时代的桥梁。德鲁克认为应从人的角度来认识企业。企业是社会的"器官",市场是由人而非各种经济力量创造的。因此应该从人,即顾客的角度去感知和界定企业应该提供什么样的商品与服务。

德鲁克进一步认为,企业的本质是为社会解决问题,一个社会问题就是一个商业机会。德鲁克将"公司的概念"归结为"各个领域之间的和谐"关系。公司必须在寻求自身利益最大化的过程中自动履行社会义务,也只有公司自身能够有助于社会的稳定和共同目标的实现,公司才有存在的意义。德鲁克认为,企业的本质和目标不在于它的经济业绩,也不在于形式上的准则,而在于人和人之间的关系,既包括公司成员之间的关系,也包括公司外部公民之间的关系。

交易成本理论

交易成本理论由科斯最先提出。科斯被认为是新制度经济学的"鼻祖",1991年获得诺贝尔经济学奖。科斯于1931年形成论文《企业的性质》(*The Nature of the Firm*),并于1937年发表于《经济学季刊》。《企业的性质》首次把交易成本概念与企业、市场组织研究联系起来。

交易成本是指随同交易行为的发生而产生的信息搜寻、条件谈判与交易实施等的各项成本。交易成本原理的根本论点在于对企业本质加以解释。科斯认为,当市场交易成本高于企业内部管理协调成本时,企业便产生了。企业的存在正是为了节约市场交易成本,即用费用较低的企业内部交易代替费用较高的市场交易;当市场交易的边际成本等于企业内部管理协调的边际成本时，就是企业规模扩张的界限。

科斯的交易成本只是一个概念，经济学家奥利弗·威廉姆森（Oliver Williamson）将这个概念具体化。威廉姆森认为，在选择是市场交易还是公司内部交易的时候，中间就会出现企业的边界。威廉姆森列举了很多简单的例子来说明交易成本的问题：航空公司是不是也应该办旅游公司，汽车制造商是否也要办钢铁厂，钢铁企业是否要买铁矿？这些问题都可以用交易成本来分析、预测。因为假定没有交易成本，根本不需要企业，所有交易都可在市场中完成。因此，交易成本显然是很重要的。

创新利润原理

熊彼特被认为是创新理论的"鼻祖"，与约翰·梅纳德·凯恩斯（John Maynard Keynes）并称为20世纪最伟大的两位经济学家。

熊彼特认为，创新是生产要素的重新组合即生产要素与生产条件的组合，其目的是建立一个新的生产函数，获取潜在的超额利润。创新具体包括五个方面：产品创新、工艺创新、市场创新、资源开发利用创新、体制和管理创新。企业家并非一种职业，那些经理、企业主并不一定是企业家。企业家必须具备三个条件：要有眼光，能看到潜在的利润；要有胆量，敢于冒风险；要有组织能力，能动员社会资金来实现生产要素的重新组合。当许多企业模仿同一创新时，这一创新引起的超额利润也随之消失。但是，企业家在不断追求潜在超额利润动机的驱使下，还会发动新一轮的创新，以实现其永无止境的欲望。创新不止，模仿不停。

熊彼特进一步认为，创新是创造性毁灭。每一次创新既是创造，又是毁灭。在创新过程中，一批竞争力差的企业被淘汰，其生产要素、人员设备和资金等被竞争力强的企业重新组合起来。不淘汰一批企业，经济就无法发展。一批企业被淘汰，对整个经济而言并不重要，所谓经济发展就是这样一种社会结构的不断破坏、不断重建的生生不息的过程。

经营是结果导向，管理是问题导向

三位大师虽然分别从"社会职能原理""交易成本理论""创新利润原理"三个方面阐述了对企业本质的理解和认识。但它们殊途同归，共同告知了我们，企业应当回到经营的本质，毕竟企业是以"营利为目的"的社会组织。

法国人亨利·法约尔（Henri Fayol）被尊称为"管理理论之父"，他最早区别了经营和管理。他认为经营和管理是两个不同的概念，管理包括在经营之中。通过对企业全部活动的分析，法约尔将管理活动从经营职能中提炼处理，成为经营的第六项职能，即企业的全部活动可以分为以下六种：

（1）技术活动（生产、制造、加工）；

（2）商业活动（购买、销售、交换）；

（3）财务活动（筹集和最适当地利用资本）；

（4）安全活动（保护财产和人员）；

（5）会计活动（财产清点、资产负债表、成本、统计等）；

（6）管理活动（计划、组织、指挥、协调和控制）。

经营是结果导向，管理是问题导向。如何确定企业发展方向以及产品销售体系，这是经营。如何在既定的经营计划和政策下更好地完成目标，则属于管理的工作范畴。强调企业的本质是经营而不是管理，也不是说不重视管理。企业需要分清主次，强化经营第一位，管理第二位，管理为经营服务，经营是企业的本质。

2. 经营单元，从管理花钱到经营赚钱

管理花钱，经营赚钱

管理重视过程，经营重视结果。管理和经营的差异，用一句话概括就是"经营是赚钱，管理是花钱"。企业应该先搞好经营再提高管理水平。

一家母婴连锁管理公司旗下有30多家店。A店店长是小王，B店店长为小李。王店长与李店长风格迥异，王店长擅长管理，李店长擅长经营。

王店长的行为画像：注重细节，包括门店清洁卫生、母婴商品的摆放和营业员的着装。公司安排的事情，王店长可以执行得非常到位。王店长很少去思考门店怎么扩大获客规模、怎么绑定老客户持续消费、怎么鼓励老客户介绍新客户。王店长虽然把门店管理得井井有条，但属于"有苦劳没有太多功劳"的店长。

李店长的行为画像：善于思考和琢磨，思考最多的问题是如何提升门店的销售业绩。李店长善于发现店面运营过程中影响销售的细节性问题，如店内母婴商品的受欢迎程度、如何开发新用户、如何让老用户转介绍，

如何开发流量产品或服务等。李店长在店面的细节管理方面偶有轻微疏忽，这方面没有王店长做得好。

通过比较分析王店长和李店长的行为画像，会明显发现，管理和经营虽然是运作企业的"两驾马车"，但管理和经营并不是一回事，管理行为是提高效率的，经营行为是要结果、要盈利的。没有好的经营结果，管理再好也没有意义；没有好的管理行为，不可能有经营结果和盈利。

经营单元三大特征

经营单元是企业平台的前端营利组织。经营单元是以客户为中心，以独立服务客户、营销客户为核心目标，通过为客户提供使用价值获得经营利润的组织。单元合伙不同于传统的科层管理，经营单元是利润化组织，而不是管理型组织。经营单元有三大特征：客户导向、市场付费、独立核算。

第一，客户导向：服务客户、营销客户

前文讨论的 HZ 口腔医院案例，在改制前医生属于医疗部，医生只管服务客户做手术，不需要营销客户。实行单元合伙改制后，每个医疗小组不是对领导负责，而是对客户负责。经营单元内的每个人不仅要服务客户，还要营销客户，客户转介绍成为企业的第一客户来源。

经营单元是"以客户为中心"。每个经营单元的基本职能就是服务客户和营销客户。只有让每个员工都面对客户、面对市场压力，获得市场化的强激励，才能让人人都成为创业者，从员工的身份转变为单元合伙人。

第二，市场付费：外部交易、内部交易

HZ 口腔医院的医疗小组，作为最小经营单元，没有"公司财政"拨款，收入全部来自市场付费，既有外部客户付费，也有内部其他单元的付费。比如：A 组向 B 组支付了 2000 元，请 B 组的医生为 A 组的客户拔牙。

经营单元服务的客户既有外部客户，也有企业内部客户。市场付费以外部交易为主，每个独立的经营单元为外部客户提供服务，外部客户支付服务费、购买产品付费，付费标准参照企业市场销售价格执行。企业内部客户按照既定的标准内部交易、内部采购、内部付费，形成经营单元的收入。企业以营利为目的，必须建立在能够为客户创造价值的基础上。

第三，独立核算：独立账户、单独核算

每个经营单元要设置独立账户，独立核算每个单元的收入、成本、费用和利润。详细的财务核算规则在第四章详细介绍。

从管理者到经营者

传统雇佣制的职业经理人是劳动者、管理者，重在管理和执行。经营者的核心在于增加收入，降低成本，提高利润。

管理者是对管理指标负责，例如，工作完成率、销售额指标等。经营者是对经营指标负责，例如，净资产收益率、营业收入增长率、支付率等。

经营者和企业关系不限于雇佣关系，而是共创、共担、共享。经营者

不仅获得工资性收入，还有经营企业获得的利润分红收入。

经营单元型组织增加经营利润

科层管理型组织以老板为中心。按照老板的需求设置部门机构、人员编制，每个人只关心是否执行了老板的指令、是否完成了领导交代的工作，不关心企业是否盈利，也不关心是否能赚回工资成本。大家认为，没钱了，老板会想办法的。

经营单元型组织以客户为中心，直接服务客户、营销客户。每个经营单元只有赚钱和盈利，才能存在和发展。不能盈利的经营单元要么撤掉，要么被其他单元合并。经营单元型组织结构不仅让员工为自己干，也增加了经营利润。

3. 平台型组织，让企业回归经营本质

什么是平台型组织？

平台型组织就是将企业打造为一个共创事业、共担风险、共享收益的平台。具体而言，平台型组织是指企业成为提供资源支持的平台，并通过开放的共享机制，赋予员工相当适当的财务权、人事权和决策权，使其能够通过经营单元服务客户、营销客户，满足客户需求，实现了员工和企业平台共同成长。

平台型组织的模式是"平台赋能＋经营单元＋核算机制"。

平台型组织的三大特征

第一，以客户为中心的经营单元。 传统科层管理制的企业是以老板为中心，员工对主管负责，主管对老板负责；平台型组织以客户为中心，平台赋能一线经营单元的员工有能力干，经营单元对客户负责。整个公司围绕经营单元提供支持与服务，平台的主要职能是设计游戏规则，根据经营单元的需求来组织各类资源，确保经营单元的高效运营。

第二，员工是为自己干的创客。 传统科层管理制的员工与公司签署劳动合同、建立雇佣关系，对主管领导负责，为老板打工；在平台型组织里，员工与公司并不存在严格的雇佣关系，通常以代理人、经纪人、合伙人等形式与企业建立合作关系。他们甚至没有传统雇佣制的固定工资，企业与员工按照经营单元的收益分享利益，员工变成了为自己打工的创客。

第三，企业的职能是平台赋能。 平台型企业最重要的功能是赋能，而不是管理。只有赋能型的企业，才能够适应数字时代的变化，同时也符合新一代年轻员工的需求。相应地，职场最重要的场景是"赋能"。企业必须打造一个赋能的场景，而不是工作场所或岗位。赋能型工作场景，关键的不是命令和权力，而是个人在这个企业能不能得到成长，能不能发挥创意，能不能与这个时代同步。所以，让基层员工能够获得尽可能多的资源支持和决策权是赋能型平台的本质。

平台型企业与科层制企业的六大差异

第一，组织架构的差异。 科层制企业，通常是正金字塔的结构，就是以核心管理层为管理核心，按照层层管理的方式，将企业的日常运营组织起来。科层制组织存在明显的上下级关系，上级将自己的KPI分解给下属，并对下属实行管控与指导。而平台型企业，则是按照倒金字塔的方式，一线经营单元作为整个组织的经营核心，整个公司围绕经营单元提供支持与服务。核心管理层的主要职能是战略规划、设计游戏规则和制度流程，根据经营单元的需求来组织各类资源，并最大限度确保一线经营单元的高效运营。

第二，承受压力主体的差异。科层制企业，都是围绕年度经营目标分解后所对应的KPI来推进。公司运营的目标是达成KPI，承压的核心是公司高层管理者，再传递到中层管理者，最后到基层。这就导致基层的压力远小于中高层，也就意味着收入远低于中高层。而平台型企业则不同，一线经营单元按照独立核算方式，做得好则赚得多，做得不好则赚得少，压力来自自身；做得好时，收入可能要高于中高层，做得不好时，则可能会颗粒无收。平台型企业一线人员不再旱涝保收，更多依赖于自身努力，这就很好地将压力进行了分解，整个公司保持压力均衡的状态。

第三，激励机制的差异。科层制企业，通常的薪酬结构是基本工资、绩效奖金和年终奖。不同类型的岗位，仅是薪酬结构比例略有不同而已，但整体没有很大区别。这种方式下，员工想要获得更高的薪资，就需要把KPI完成，但即使如此，其薪资总额也一定被控制在一定范围。当员工的薪酬持续多年不发生明显变化时，员工的奋斗精神也会逐步降低直到消耗殆尽。而平台型企业，其薪酬除基本工资、绩效奖金以外，还涉及经营利润分红、项目分包利润、股权分配等。员工既可以直接参与经营单元的利润分配，也可以参与公司平台的利润分红，还能分享公司价值上升所产生的股权增值。

第四，用工形式的差异。科层制企业，员工通常都是全职人员，与公司签署劳动合同、建立雇佣关系。企业会设定岗位，设有上级、下属、平级等，所谓一个萝卜一个坑。企业为了降低成本，一定会控制人员规模，因而企业发展很容易遭遇"瓶颈"，否则成本过大，企业的经营风险也将加大。平台型企业则恰恰相反，员工通常并非公司全职人员，且与公司并不存在严格的雇佣关系，通常以代理人、经纪人、合伙人、兼职人员等与企业建立合作关系。这样的形式下，企业与员工是按照产品的销售达成分配利益，企业不承担员工的工资，甚至不承担社保，双方只是代理合作关系。平台型企业由于没有工资成本的固定费用支出，员工规模可以无限扩大，能促进公司业务进一步扩张，企业可以无边界发展。

第五，管理方式的差异。科层制企业，对于员工的管理，多数是按部门、岗位的方式进行。部门负责人是主要管理者，对员工下达任务和指令，员工负责执行，再由部门负责人对其执行情况进行考核评价，再配以相应的激励。平台型企业则大不一样，上级的概念非常模糊，更多的是发挥支持与服务职能，员工负责服务客户、营销客户，按照平台规则达成订单并获得收益。员工不是对上级负责，而是对客户负责；对员工的考核是来自客户的评价，而非内部成员；员工收入的多少也是取决于获得订单的多少及客户的满意度，这种方式极大地避免了内耗，完全由市场决定。按照个人的能力和努力程度来决定收入的多少，与企业内部员工的管理关联度很小，公平和效率得到了更大的体现。

第六，企业文化的差异。科层制企业，基本上都是官僚文化的底子，"官大一级压死人""拍上级马屁""官本位"等思想比比皆是。企业往往会出现"大企业病"，臃肿、内耗、效率低下的情况难以避免。而平台型企业文化更加开放，且很大程度地减少了"官本位思想"。员工对于个人发展不再把精力放在"做官"上，而是注重提高个人专业能力，成为能为客户解决问题的专业性人才，极大地提升了员工服务客户、营销客户的积极性，企业文化更加开放和公平。

第三章 分层分级合伙

股权激励的五大真相

三层合伙主体：单元越小，动力越强

四级合伙模式：不同对象、不同模式

为什么大多数企业实施的股权激励都不太成功？

为什么大部分合伙制都是一地鸡毛？真正的合伙制就是让员工为自己干，而不是股权激励的"大锅饭"；合伙制就是员工与企业共创、共担、共享。

单元合伙第三大创新——分层分级合伙，三层合伙主体；四大合伙模式。

DY公司主营板材业务，于2012年由老张与朋友共同创办，股权比例为老张51%、朋友49%。至2015年，DY公司已经拥有了400多人，年营业收入实现1.2亿元，净利润1800万元，累计账面净资产5000万元。老张憧憬，再经过3—4年的发展，争取IPO。为更进一步激发大家干劲，培养主人翁意识，老张萌生了向核心员工开展股权激励的想法。

从2016年1月开始，在某咨询机构的辅导下，老张开始在DY公司推行员工持股计划。老张以DY公司注册资本2500万元为依据，划分为2500万股，以公司账面净资产为标准，每股价格确定为2元。原本计划向确定的核心骨干40名累计一次性转让400万股，但是部分核心骨干认为价格高，应该是无偿赠送或者以注册资本金的价格购买股权。经过内部多轮沟通，最终有25名核心骨干参与了股权激励计划，累计认购了200万股。同时直接办理了工商变更登记，至此，股权激励初步实施完毕。

2016年，经过大家的共同努力，DY公司的营业收入增长了30%，达到了1.6亿元，净利润实现2200万元。老张当年将新增的400万元利润拿出来给全体股东分配。例如，投资60万元认购30万股的员工实际分红3.84万元，投资回报率为6.4%，参与股权激励的员工都认为投资回报太低。

经过两年的快速发展后，DY公司开始显现发展危机：一方面，DY公司虽经过了多次技术升级，但产品竞争优势并不突出，已有的和新进的竞争者已开始大量挤占DY公司的市场份额；另一方面，核心骨干开始显现疲态，斗志开始衰减。

自2018年开始，DY公司逐年出现营业收入下降、净利润下滑的状况，参与股权激励的部分核心骨干已看不到前景，开始陆续离职，包括当时招来的总经理也跳槽走人。总经理认购的股权也要求创始人老张回购。为了扭转DY公司的发展颓势，已经退居二线的老张不得已继续出山，但能否力挽狂澜，暂且不得而知。

一、股权激励的五大真相

1. 员工还是打工心态

股票期权激励始于20世纪70年代末的美国。1974年，美国通过的《职工退休收入保障法》首次明确了员工持股计划（Employee Stock Ownership Plans, ESOP）的合法地位，之后的八九十年代，管理层股权激励得到了迅速发展。2000年以后，随着亚信科技、新浪等中国企业陆续赴美上市，股权激励在中国企业逐步被接受。

今天，股权激励已成为许多企业的共识，一些中小企业老板遇到人不好招、人不好管、人不好留的问题，第一时间就想到了股权激励。许多老板和DY公司老张的看法一致：员工不给力，是因为员工不是公司主人。

如果员工持有公司股权成为公司主人，就一定会拼命干、主动干。因此，许多企业实施股权激励的目的无外乎以下两点：附条件地给予员工部分股东权益，以解放老板，使员工具有主人翁意识；与企业形成利益共同体，促进企业与员工共同成长，从而帮助企业实现稳定发展的长期目标。

股权激励是一个长期激励机制，而不是合伙制。员工激励，尤其是高管激励有精神激励和物质激励，物质激励包括非现金激励和现金奖励，现金奖励包括短期激励，如工资、年薪、职务津贴、绩效奖金、年度奖金；长期激励，如员工持股计划、股票期权、限制性股票、虚拟股权等。其中，购买股票都需要员工真金白银地投资认购公司股权，利润分享计划一般不需要投资。

企业实践中，股权激励是在雇佣制的组织结构里，根据岗位职级、工作绩效分配股份。企业实施股权激励，一般情况下会在公司层面增发20%的股权给员工作为期权池，平均每个员工持股比例在1%左右；老板和其他股东仍然持有80%股份。站在员工角度思考一个问题：原来以为自己持有1%的股权就是股东，就是主人了，实际上老板还有80%的股权，公司还是老板的，我们还是为老板干。结果就是在实施股权激励的企业，大部分员工认为还是在为老板干。员工还是员工，老板还是老板。为老板干，最后一定是打工心态被动干。

2. 只有共享，没有共担

事实上，绝大部分企业实施股权激励，只是员工和公司建立了一个共享机制，而不是共担机制。如果你是企业老板，如何判断你的企业是否适合实施股权激励计划？办法很简单，找员工谈谈：愿意掏钱买股份吗？结果惊人一致，90%以上的员工根本不愿意掏钱投资买股份。

为什么会有这种结果？90%以上不愿掏钱的员工不是没有钱，而是对公司没信心。

面对这种局面，很多中小企业老板为了留住员工做出妥协：要么老板赠送股份给员工，要么搞干股分红激励员工。员工只愿意和老板共享利益，而不愿意和老板共担风险。

在什么时候，可能会有愿意掏钱的员工？员工掏钱就是为了赚钱，公司必须处于持续盈利或估值增长阶段，否则员工不可能掏钱买股份。股权激励只是一个锦上添花的共享机制，不是雪中送炭的共担机制。而企业创始人和创始合伙人需要面对公司未来发展的不确定性，老板和创始团队才是真正建立了共创、共享、共担的机制。

股权激励只是一个长期激励工具，不是合伙制。员工有股份不等于是合伙人，也不等于是公司主人。即使投资成为公司股东，很多股东只是为了投资赚钱，一样可以不作为。股权激励只有共享机制，没有共担风险。想通过股权激励是不可能达到"让员工当股东拼命干，和老板共进退"的目标的。

3. 长期持股"大锅饭"

华为的股权激励是无数中国企业学习和研究的标杆。华为的员工持股制大大激发了员工的积极性，但由于制度固有的缺陷，导致既得利益者和懈怠者大量出现，损害了组织的活力。关于员工持股以后，存在一劳永逸地吃"大锅饭"的问题，华为轮值董事长胡厚崑曾经有一段详细的论述：

企业对员工的股权激励是一个长期激励政策，高额的回报不仅给员工劳动回报，还与员工分享公司长期的价值增长，这个长期激励是无限期地长。它的弊端在于，股票的高额回报有可能助长员工的惰性思维。

员工获得的股份从哪里来？是对每一年劳动绩效的评估。每年的劳动绩效结果出来以后，我们会根据大家的岗位贡献、工作绩效，给予大家股份的配额，这个额度一旦获取，它未来的收益就与我们每一个人未来长期的贡献没有那么强的相关性。更坦率地讲，员工一旦获得股份以后，有可能一劳永逸地吃"大锅饭"。事实上，在我们组织里，有很多员工就是在吃这种"大锅饭"。我们给他们的激励越多，他们的惰性越强。个体的惰性越强，对整个组织的惰性的影响就越大。

4. 员工"搭便车"，老板被激励

一些员工持股的企业，出现了员工"搭便车"的现象。例如，A店店长持股1%，连续三年每年利润超过500万元；B店店长也是持股1%，连续三年每年利润亏损100万元。如果按持股比例分红，很显然，B店店长"搭了便车"。最后A店店长也觉得不公平，干脆也不想努力拼命干了。

还有一些实施干股分红的企业，不仅出现员工"搭便车"的现象，还会出现老板被激励的结果。例如，某企业去年年利润是1000万元，去年年底公司实行为期三年的干股分红计划，今年设定利润目标是1200万元。也就是完成1200万元，20名核心人员就可以分红；没有完成1200万元利润目标，当然没有分红。

第一种情况：假定今年完成了1250万元利润，相关员工都可以按分配比例获得分红。完成公司利润的第一责任人是总经理，总经理是谁，大部分中小企业都是老板。老板作为总经理拼命完成了1250万元利润，赚了钱，大家一起分钱，员工有没有"搭老板的便车"？

第二种情况：假定今年只完成了1150万元利润，按照分红计划，没有分红。没有分红的第一责任人是谁？肯定是总经理，谁是总经理？还是老板。最后大部分老板还是选择了分红，因为不分红，队伍不好带。请问，老板是不是被"绑架"了？

那么，股权激励到底激励了谁？仔细分析一下：有20多名员工参与了干股分红计划，如果今年利润没有完成不能分红，谁的压力最大？是老板！老板作为总经理担心的是，一旦不能完成利润目标，员工不能分红，队伍就会散了。所以，企业实施股权激励以后，员工是否被激励拼命干不知道，但是老板一定被激励了，肯定比以前更努力了。

5. 没有赚钱效应的伪激励

为什么股权激励成为老板心目中留住员工的"神器"？全网流行语是："无股不富，想赚大钱就要有公司股份。"于是，阿里巴巴童文红的故事成为老板给员工画大饼的必修课。童文红早期作为阿里巴巴的前台,通过努力工作获得了阿里巴巴 0.2% 的股权,在阿里巴巴上市后,一跃成为身价超过 40 亿元的富婆。童文红拥有亿万元身价是靠阿里巴巴的利润分红获得的吗?不是,是阿里巴巴股权增值收益。阿里巴巴市值 5 万亿元,1% 的股权就是 500 亿元。

股权是什么?股权就是股东权利,股东有三大权利:所有权、管理权和收益权。其中收益权包括分红权和增值权。股权激励的财富效应主要是通过企业上市或者被上市公司收购,实现股权增值收益。理想很丰满,现实很骨感。99% 的企业不可能上市或者被上市公司收购,这些企业的股权只有分红权收益,并没有增值权收益。

什么是分红权收益?例如,你作为员工投资 10 万元,买了公司 1% 的股份。今年公司税后利润 500 万元,你能分多少钱?是 5 万元吗?绝对不可能!公司需要资金持续投入生产和研发,这就需要利润留存 300 万元。余下 200 万元利润作为股东利润分配,你会获得 2 万元分红。年投资回报 20%,已经比较高了。不出意外,5 年累计分红 10 万元。请问:你愿意将你的青春和热血奉献给公司,并且愿意投资 10 万元与公司共同发展吗?大部分年轻人肯定没兴趣,只有分红权,干了 5 年也只是投资回本了。

没有赚钱效应的股权激励,都是伪激励。通过股权激励,让员工实现财务自由的企业只是极少数,因为上市公司也是极少数。普通非上市企业仅靠分红权收益并没有赚钱效应,没有赚钱效应,股权激励如何激励员工?

股权激励仍然是一个中心化思维，股权激励还停留在"我是老板，你是员工，你干得好，我给你来根胡萝卜"的思维。短期激励是奖金，长期激励是股权，股权激励仍然是一个雇佣和被雇佣的关系。大多数民营企业还在雇佣制的范式内讨论和实施股权激励，不仅不能激励员工，反而老板可能会被激励。从雇佣制到单元合伙制是企业组织发展的趋势，员工合伙不是股权激励，股权激励不是合伙制。

如何让员工主动干，为自己干？首先要划小经营单元，单元越小为自己干的动力越强；其次适配合伙模式，不同对象不同模式。单元合伙制的革命性创新是：三层合伙主体，四大合伙模式。

二、三层合伙主体：单元越小，动力越强

2003年携程在美国纳斯达克上市，并开启了一段公开募资、疯狂并购的"野狼"征程。十年之后，当梁建章再次接掌携程成为CEO时，这个国内OTA"行业一哥"却面临着连续五个季度财务业绩下滑的困境，也就在这个危急时刻，梁建章才真正意识到击垮携程的不是途牛、艺龙、去哪儿等同行对手，而是老化的庞大组织结构、管理机制和创新"血液"的缺失、吃"大锅饭"等内部隐患，阻碍了携程的发展道路。

第一，过度集中的中台管理：前期发展平稳的携程，为了提升经营效率，将营销、研发、风控、服务、结算等中台部门集中起来，导致沟通成本上升，工作推进缓慢。

第二，集权化的管理决策机制：财务预算、投融资、技术升级的管理权限上移，集中在集团决策层，而大部门的总监级负责人，更多是管理执行的角色，事务推进链条冗长。

第三，内部创新"血液"流失。在前期成功氛围的笼罩下，携程内部

团队逐渐失去了创新动力，工作积极性不高，再也听不到不同的声音。

无法容忍事态继续蔓延下去的梁建章开启了一段扁平化事业部改造。通过内部创业的单元合伙制改革，如今的携程再一次以 OTA 行业领军企业的形象出现在大众面前。携程进行单元合伙制改革，基本内容如下。

1.优化组织架构。携程将原先的科层架构优化为"PU-BU/SBU-SU"的组织架构。已有的产品委员会、营销委员会、业务委员会、战略委员会、服务委员会划入平台 PU。

平台系统（PU）：Platform Union。单元合伙制的平台型企业，平台系统不直接面对市场和客户，而是作为后台赋能经营单元。

业务单元（BU）：Business Unit。业务单元就是独立经营、独立纳税的经营单元。

超级单元（SU）：Super Unit。超级单元是最小细分的经营单元，也称为最小化可复制的细胞公司。

根据业务性质，携程划分出大住宿、大交通、旅游、商旅等大 BU（Business Unit，事业部），并进一步细化出火车票、团购、攻略社区、用车、邮轮等 SBU（Small Business Unit，小事业部）以及更小的创业单元火车事业部、汽车事业部 SU（Super Unit，携程内部称为"EU"，即 Entrepreneurship Unit）。

除此以外，如今的携程从项目出发打造 OK 组，也相当于独立的 SU。如图 3-1 所示。

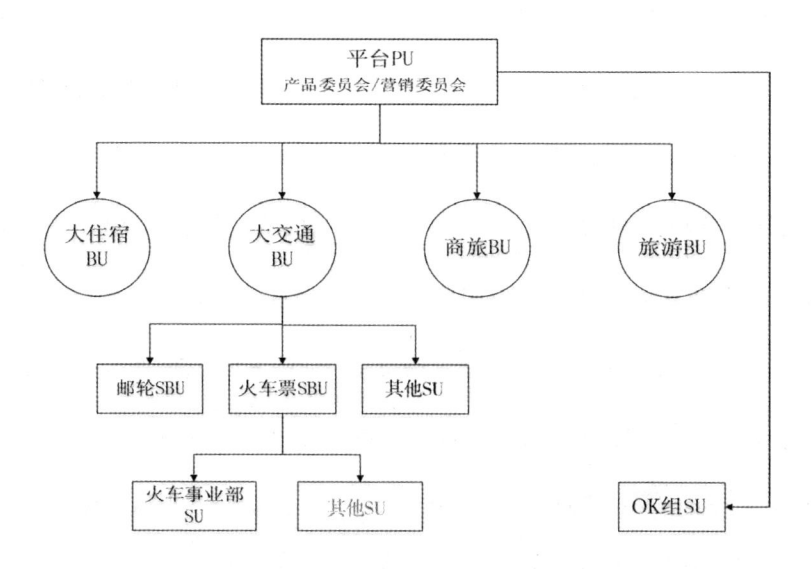

图 3-1　携程优化后的组织架构

2. 强化平台赋能。2017 年的"机票搭售"事件让携程内部深刻反思客户价值的重要性，基于此携程内部成立委员会机制（CPC），客户问题出现后，由对口 BU 委员将问题领走，最后将解决问题的方案上交给委员会统一决策。除此以外，平台内部还有产品委员会、营销委员会、业务委员会、战略委员会、服务委员会等，以及良好的客户服务系统以及信息化支撑系统，为各大 BU、SBU、SU 提供支持服务。

3. 划小经营单元。前面已经介绍，携程将业务线划分为大住宿、大交通、旅游、商旅等四大 BU，每个 BU 内部又划分为无数个 SBU，每一个 SBU 业务小组下面可能又有一个或多个 SU，每个 SU 都是小的创业单元。而 OK 组则是管理层根据项目大小，设置由产品经理＋开发经理＋配套人员组成的小组。产品经理为小组 CEO，开发经理为小组 CTO，项目小组团结协作，自驱动，自管理。

4. 细化核算规则。携程平台 PU 与 BU、SBU、SU 合伙人以及 OK 组采取分股模式，公司、BU 合伙人、SBU 合伙人、SU 合伙人、OK 组成员对项目进行投资入股，鼓励事业部的核心骨干也入股，携程平台 PU 会根据项目收益或市场份额考核 BU、SBU、SU、OK 组。以 OK 组为例，携程平台 PU 将项目按照未完成目标、达到目标、超额目标，分成全额亏损、拿回投资、超额收益。举例来说，业绩没达 A，OK 组全员亏损 M 元，业绩达标，OK 组拿回 M 元（不赚不亏），业绩达到 A 的 1.1 倍，OK 组可以拿回 2M 元（投资 1 万元就拿回 2 万元），业绩每一超过基线 10%，投资回报加一倍，如果做到 2A，拿回 10M 元（投资 1 万元就拿回 10 万元），并按照相应的投资比例进行分配。

1. 单元越小，为自己干的动力越强

"大锅饭"式合伙，出现"责任分散"心理

在企业实践中，过去我们一直有一个误区：员工不给力，是因为没有公司股份；如果员工持有公司股份成为股东，一定会有动力。实际结果是：即使十多位员工成了公司层面的小股东，由于老板是大股东，小股东还是存在"责任分散"的心理，即使投资买了公司股份，也不一定会主动干、拼命干。

"责任分散"心理是什么？即随着责任人数量的增多，责任人的责任感会降低，因为他们会觉得，反正也不是自己一个人承担，自己完全没有必要干得那么起劲。于是在相互推诿之下，谁都不努力，结果严重影响办事的效率，甚至因为缺乏责任感，还可能导致悲惨事情的发生。

在具体的工作中，如果个体产生这种心理，则会使工作的效率下降。对于某一件事来说，如果是单个个体被要求单独完成，其责任感就会很强。因为一个人干活，干好干坏责任都要自己承担，人们往往会竭尽全力；但如果要求一个群体共同完成任务，群体中的每个个体的责任感就会明显减弱，面对困难或者遇到问题往往就会退缩，而且还容易出现偷懒现象，总想着自己不出力或者少出力，而指望靠别人的努力得到好处。

单元越小，为自己干的动力越强

既然人的本性是自我和自私的，如何既要合伙，又要高效率？划小经营单元，就能真正解决效率问题。第二章讨论过，经营单元是企业平台的前端营利组织。经营单元是以客户为中心，以独立服务客户、营销客户为核心目标，通过为客户提供使用价值获得经营利润的组织。单元合伙不同于传统的科层管理，经营单元是利润化组织，而不是管理型组织。

划小核算单元是中国电信借鉴外部成功经验，结合企业自身实际经营情况所提出的一种创新经营模式，与传统经营模式相比，划小核算单元有很多优点。

湖北省仙桃市电信分公司沔阳大道营维中心所辖的地带相当繁华，这里商家云集、居民众多，电信业务需求比较旺盛，过去这个营维中心的业务收入和发展就是搞不上去。没有进行划小核算单元前，中心员工的"责、权、利"模糊，工作积极性不高，营维工作互相推诿扯皮，任务完成一直排后。实施划小核算单元后，员工有了明确的"责、权、利"，中心的营维工作件件都能落实到位，每天的工作不必像过去那样集中分配再强调，社区经理上班后自觉地直接去处理自己的事，每个人心里都有一本账。由于各自的营维工作做得好，小区的装维工作、产品营销、服务质量等都上了一个台阶，最近一段时间，中心的业务发展和收入情况完成良好，每月排名都在前三。

首先，划小核算单元有利于企业的经营管理。由于划小核算单元以细小的经营单元为经营管理对象，以精确的成本效益为核算基础，因此，单元所对应的每一个客观主体的"责、权、利"十分明确，员工的考核指标和奖惩条例得到量化，企业与员工在年度、月度考核兑现时完全可用数据说话，同时员工对企业给予的考评与奖惩也心服口服。

其次，实施划小核算单元后，由于客观主体的"责、权、利"直接明确到位，因此企业的经营成效十分显著。

最后，划小核算单元后，员工的精神面貌焕然一新。主要表现在：一是社区经理在自己的单元"责任田"里精心打造，为保住存量除了努力做好维系工作以外，还花更大的力气挖掘新的客户需求，拓展自己"责任田"的规模，为企业增收，为自己加薪。二是社区经理为了适应新的业务发展需要，彻底改变了过去企业要进行业务培训至少要通知几遍还不能来的习惯，他们积极参加新业务学习培训，现在只要中心有通知大家都会自觉而来，并且抢着坐前排，认真听讲细心做笔记，生怕学不到技术本领来日不能胜任工作。

单元越小，越能满足客户的个性化需求

"以客户为中心"的关键是捕捉用户"痛点"并提供解决方案。在互联网时代，用户的个性化需求越来越明显，针对用户的个性化需求，企业

必须针对性地提供个性化服务。企业的个性化服务至少应包括如下内容：快速了解客户需求；最大限度地满足客户需求；最正确地消除顾客顾虑；最高效地解决售后问题。为确保企业精准、及时地服务好客户，必然要求企业打造"最小化"的单元组织。

在"最小化"的单元组织内，合伙人能够自主决定满足客户需求。例如，在韩都衣舍案例中，前端300多个产品小组，小组拥有的自由度比较大，比如设计什么款式，多少种颜色，多少个尺码，定价多少，参加什么活动，打多少折扣，这些都可以由产品小组自己决定。在这种模式下，韩都衣舍一年可以设计3万款新品，而我们比较熟悉的时尚品牌Zara一年也只有22000款。

2. 三层架构设计三层合伙主体

以客户为中心的企业组织架构如图3-2所示。

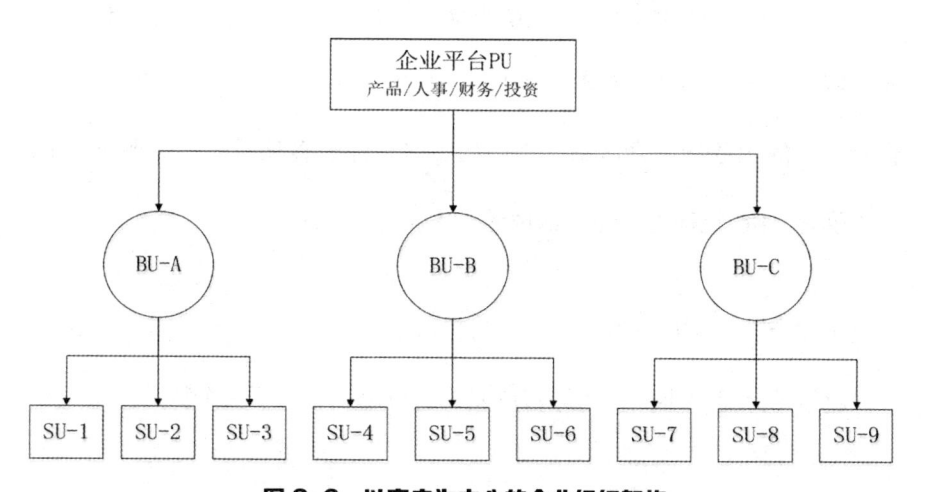

```
        企业平台PU
      产品/人事/财务/投资
      ┌──────┼──────┐
    BU-A    BU-B    BU-C
   ┌─┼─┐   ┌─┼─┐   ┌─┼─┐
 SU-1 SU-2 SU-3 SU-4 SU-5 SU-6 SU-7 SU-8 SU-9
```

图 3-2　以客户为中心的企业组织架构

第一层：平台系统

单元合伙制的平台型企业，平台系统不直接面对市场和客户，而是作为后台赋能经营单元。平台系统的基本职能：产品及研发系统、人事及组织系统、财务及核算系统、IT及数据系统、供应链系统等。一般情况下，平台系统的支持部门被统一为"服务单元"，而一线前端的业务单元和超级单元被统称为"经营单元"。

第二层：业务单元

业务单元就是独立经营、独立纳税的经营单元，业务单元有以下三个特点：

（1）独立纳税的法人主体；

（2）内部人员较多；

（3）可以细分为超级单元SU。

例如，HZ口腔医院门诊部是业务单元，门诊部是一个独立纳税的法人主体，每个门诊部人员超过40人，细分为4人编成一个医疗小组SU。企业平台的业务涉及多区域、多门店、多产品、多项目时，需要设置BU业务单元，BU机构也是独立纳税的法人企业。

第三层：超级单元

超级单元是最小细分的经营单元，超级单元有以下三个特点：

（1）最接近客户；

（2）最小利润组织；

（3）最可复制裂变。

例如，HZ口腔医院管理公司是PU平台，每个口腔门诊部是BU业务单元，门诊部内部每个医疗小组是SU超级单元。

3. 单元合伙的三级合伙人

企业的三层合伙主体：PU、BU、SU，相应地，匹配有三级合伙人，分别为PU合伙人、BU合伙人、SU合伙人。

PU合伙人也称平台合伙人。PU合伙人主要为公司创始人和在平台持股的核心经营团队。如阿里巴巴的"十八罗汉"、小米的8位联合创始人属于典型的PU合伙人。

BU合伙人。BU合伙人主要为独立核算经营者，如门店店长、产品分公司或区域分公司负责人。

SU合伙人。一个人可以成立SU并作为SU合伙人，如销售员、咨询师等，也可以是几人成立SU，SU的负责人称为SU-CEO。

三、四级合伙模式：不同对象、不同模式

1. 单元经营的分红模式

分红模式是什么？

分红即利润分配，分为平台分红和单元分红。本章节讨论的分红模式主要针对单元分红。分红模式是指单元经营者对经营单元负责，完成经营计划，按照约定享受单元利润分红权。分红模式也称为"单元经营""经营分红"。

单元合伙的分红模式以企业平台投资的 BU 为主，BU 单元既要收回投资金额，也要获得投资收益。BU 单元的 BU-CEO 不仅仅是执行平台指标的管理者，更是对投资收益负责的经营者，同时也是享有单元利润分红的共创者。分红模式不仅建立了单元经营者和企业平台的共创、共担机制，而且在业务单元上真正实现了所有者和经营者的分离。

经营分红不同于投资分红

近代山西晋商的"身股"和"银股"制度就是经营分红和投资分红的

通俗说法。"身股"为经营分红,"银股"为投资分红。可以从三个维度理解经营分红和投资分红的区别。

适用对象不同。经营分红针对在单元全职工作的合伙人和经营团队。投资分红针对单元的投资人,不论该投资人是否在单元全职工作。单元的投资人在单元全职工作的,既可以享受经营分红,也可以获得投资分红。

发放顺序不同。经营分红优先于投资分红发放,即先对单元经营者、经营团队进行经营分红,再对单元投资人进行投资分红。假如门店 BU 净利润 100 万元,先发放经营分红 20 万元,剩余 80 万元由门店投资人按照投资比例分配。

发放条件不同。经营分红必须以单元完成经营目标为前提,如销售额目标、市场占有率目标、销售增长率目标。未完成经营目标的,即使有盈利,也不会有经营分红。投资分红则不同,只要单元有盈利,单元投资人就有权参与投资分红。假如门店 BU 销售目标 600 万元,利润基数 300 万元。实际完成销售目标 590 万元,实现利润 320 万元。由于没有完成销售目标,BU 单元合伙人无经营分红奖励,但投资方仍可以按照投资比例参与 320 万元利润的投资分红。

永辉超市为了增加员工薪酬,同时也为了减少果蔬的损耗和提升营运收入水平,开展了轰轰烈烈的运营机制改革,在门店实施合伙人制度。根据永辉超市人力资源中心发布的门店合伙人方案,基本内容如下。

(1)实施目的

以门店为单位,以门店整体业绩任务达成作为参与分红的前提条件。

从营运部门到后勤部门，员工和店长均参与，达到共同经营门店的目的。充分调动员工工作积极性，激励员工超额完成公司下达的经营目标，践行融合共享、成于至善的企业文化。

（2）适用范围

参与人员：店长、店助；四大营运部门人员；后勤部门人员；固定小时工（工作时间≥192小时/月）。

不参与人员：微店课、咏悦汇、新肌荟、茅台等课组人员；培训生、实习生、寒暑假工、学习干部；小时工（工作时间＜192小时/月）。

（3）分红前提条件

门店销售达成率≥100%；利润总额达成率≥100%。如表3-1所示。

表3-1 分红前提条件

类别	分红条件
店长、店助、后勤人员	门店销售达成率≥100%，利润总额达成率≥100%
门店营运部经理和助理、公共人员	部门销售达成率≥95%，部门毛利达成率≥95%
门店营运部各课组人员	课组销售达成率≥95%，课组毛利达成率≥95%

（4）合伙人奖金包

门店奖金包＝门店利润总额超额/减亏部分×30%；

门店利润总额超额/减亏部分＝实际值－目标值；

门店奖金包上限：门店奖励包≥30万元，奖金包按30万元发放。如表3-2所示。

表 3-2 门店奖金包分配

职级	各职级奖金包分配
店长、店助	门店奖金包 ×8%
经理级	门店奖金包 ×9%
课长级	门店奖金包 ×13%
员工级	门店奖金包 ×70%

（5）合伙人奖金计算，如表 3-3 所示。

表 3-3 合伙人奖金计算

职级	各职级奖金包分配
店长、店助	店长级奖金包 × 出勤系数
经理级	经理级奖金包 ÷ 经理级总份数 × 对应分配系数 × 出勤系数
课长级	课长级奖金包 ÷ 课长级总份数 × 对应分配系数 × 出勤系数
员工级	员工级奖金包 ÷ 员工级总份数 × 对应分配系数 × 出勤系数
有二助的门店，店长级奖金包店长分配70%，店助分配30%	

（6）结算说明

分配系数：按部门毛利达成率排名，确定各部门对应分配系数。如表 3-4 所示。

表 3-4 部门对应分配系数

部门毛利达成率	分配系数
第 1 名	1.5
第 2 名	1.3
第 3 名	1.2
第 4 名	1.1
第 5 名（后勤）	1.0

总份数＝各部门同职级人员人数×部门毛利达成率排名对应分配系数；

出勤系数＝（当季应出勤天数－事假/病假/产假/工伤假）÷当季应出勤天数；

奖金发放：按季度结算，奖金与次月工资一起发放。

分红模式，让管理者成为经营者

经营者与管理者不能混为一谈。具备管理思维的员工称为管理者，具备经营思维的员工称为经营者。管理思维与经营思维的格局不同，经营者的格局高于管理者。经营是理念，管理是规则。经营是在市场框架下的行为，做正确的事提高效益；管理是在经营框架下的行为，正确地做事提高效率。

优秀的管理者未必是合格的经营者，优秀的经营者一般也是优秀的管理者。管理思维更关注的是解决企业内部问题，属于过程思维；经营思维更关注企业投入与产出的结果对比，属于结果思维。管理思维更多是要花钱的，因为想要解决所有问题，必定增加费用成本；经营思维是为了保障企业的投入与产出比，对于拥有经营思维的经营者来说，有些问题不一定非要解决。

企业经营之道就是企业赚钱之道，赚不到钱的一定不是好的经营者。分红模式是促进企业管理者进化为经营者的"助推剂"，让管理者从思维的转化、行为的转变、角色的转换三个层面上升到优秀经营者的高度。

分红模式，让企业增加利润

经营者以利润为导向，影响经营单元利润的两个核心点即收入和成本。经营者应当考虑如何增加经营单元收入、降低经营单元成本。

增加经营单元收入。经营单元的收入来源于客户的贡献。让客户产生消费冲动主动认购产品或服务的关键在于建立信任感。未来的销售都是服务型销售、顾问式营销，以诚相待主动服务好客户是与客户建立信任感的主要方式。在与客户建立信任感后，销售成单是水到渠成的事情。作为经营者，为增加经营单元的收入，必须从经营的角度考虑如何与客户建立信任感，如何开发新客户，如何让老客户复购和转介绍新客户，让经营单元的成员主动服务客户、主动营销客户。

降低经营单元成本。经营单元成本主要包括原材料成本、设备成本、库存成本、人工成本等。经营单元收入增加的同时，能进一步压缩和降低成本，利润将会更加丰厚。从经营者的角度，在保障服务品质和质量的前提下，关注如何进一步优化经营单元成本结构，打造一个最优化成本结构的经营单元。

增加经营利润。会计学上，企业利润可分为毛利润、经营利润和净利润。毛利润为销货额减去已销货物成本之间的差额；经营利润为毛利润减去营业费用之间的差额；净利润为营业利润减去所得税之间的差额。经营者发挥主观能动性，通过增加收入、降低成本费用，能增加经营利润。

2. 单元创业的分包模式

分包模式是什么？

分包模式也称单元创业，企业平台赋能经营单元内部创业，按照约定核算分配经营单元收入，单元创业者自负盈亏，承担经营单元的全部成本和费用。例如，韩都衣舍的小组制就是单元合伙的分包模式。

分包模式以 SU 为主，SU 既要服务客户，也要营销客户。分红模式是先赚钱再与平台分利润；分包模式是先与平台分钱，再减去单元成本形成单元利润。

MF 训练营主要通过封闭式强化训练的方式，让肥胖学员实现"减肥梦"。创业 10 多年来，企业一直发展缓慢，门店数量一直维持在两家，勉强维持生存。2020 年，MF 训练营实施单元合伙改制。改制的关键点是将内部教练分成很多教练小组，每个小组作为一个 SU，每个 SU 小组包括 3 人，由主教练、助理教练、生活老师各 1 人组成，主教练作为 SU-CEO。教练小组 SU 应用分包模式，小组核心职能包括以下几点。

1. 交付执行。SU 小组负责按照平台制定的操作规范辅导学员完成减肥训练，实现减肥目标。按照每个学员 500 元 / 月的标准，由门店向 SU 小组支付服务费。

2. 销售职能。鼓励教练从事销售工作，教练挣钱的欲望如开闸的洪水，被彻底激活。SU 小组有的通过直播去拉动成交，有的让老客户介绍新客户，有的去线下发传单。平台对 SU 小组成交转化的客户，按照毛利润 5∶5 分成。

经过单元合伙改革，为 MF 训练营注入了新的发展活力，体现在以下三个方面。

（1）门店数量从两家增长到 5 家。通过分股模式，让店长、教练和客户一起投资开店。

（2）公司营业收入增长 10 倍。2020 年作为 MF 训练营实施单元合伙改革的元年，企业营收从 500 万元增加至 5000 万元，增长了 10 倍。

（3）教练月收入增加。通过单元合伙，有的教练月收入从改革前的 6000 元增加至改革后的 9 万元。为什么有的教练月收入增加 15 倍，根本原因在于教练由以前的打工者，变成了内部创业者。

分包模式，让奋斗者成为创业者

单元创业者就是不要固定工资，对自己负责、自负盈亏的一群人。企业应当先从内部挖掘敢于吃螃蟹的"奋斗者"，内部员工往往已经在思想上、心理上、感情上对企业和企业创始人产生了认同感、安全感、价值感、使命感，实施单元合伙的分包模式，让奋斗者脱颖而出成为内部创业者，最终人人成为创业者，主动服务客户、营销客户。

单元创业让单元创业者实现从"服务老板"到"服务客户"思维的转变。传统雇佣制模式下，员工的工资、提成、奖金由老板发放，因此，把老板服务好是很多员工的首要选择。把老板服务好，老板可能会涨工资、多发奖金。实施单元创业则不同，单元创业者的收入不是来源于老板，老板只是搭了个戏台，唱戏的是员工自己，员工想多赚钱，必须让台下的客户多消费、多买单。单元创业，员工的赚钱思路由传统"服务老板"调整为"服务客户"。只有服务好客户，才能多收益。

谁对单元内其他人员收入负责？实施单元创业时，一个SU单元可能只有一名单元合伙人，也可能一个SU单元有好几名成员，包括单元CEO和其他成员。平台与单元按照分包模式进行结算，单元CEO称为"小老板"，单元内其他非合伙人成员的薪酬由单元CEO承担。HZ口腔医院一个内部医疗小组SU共4名成员，包括1名作为SU-CEO的医生、1名医生助理和2名护士。医生作为单元合伙人兼单元CEO，对另外3名成员的收入负责。通过单元创业，将原本全部属于老板的责任和风险由单元合伙人、单元CEO分担。

分包模式，让企业提高支付率

降低固定费用、固定工资成本。分包模式，旨在将企业的传统固定费用转化为变动费用，让参与改革的单元合伙人具备共担意识。导入分包模式，让员工成为不要固定工资的创业者，降低了企业固定费用和固定工资成本。

新冠肺炎疫情导致不少民营企业倒闭，原因就在于很多民营企业支付率较低，抗风险能力较差。分包模式不仅降低了固定费用，还提高了支付率，企业打破了传统组织边界，可以连接外部人才成为不要固定工资的单元合伙人，实现企业组织无边界扩张。

3. 单元投资的分股模式

分股模式是什么？

分股模式也称单元投资，是指员工出资购买经营单元的出资份额，承担投资风险，享有投资分红。分股模式常见于消费连锁行业，如百果园的门店投资模式。

单元投资有内部投资人，包括单元CEO、单元经营团队、平台其他参与者；也有外部投资人，包括专业投资人、上下游伙伴、消费者。为表述方便，本章中的"单元经营者"指经营单元CEO；经营团队是指经营单元CEO外的其经营团队人员；平台其他参与者指平台职能部门的核心骨干，如人力资源负责人、财务负责人、物流负责人、采购负责人等。

单元投资包括平台控股、平台参股、全员持股三种类型。平台控股是指平台持有单元50%以上的出资份额；平台参股是指平台持有单元50%以下的出资份额；全员持股是指平台不持有单元出资份额，全部由员工持有。

百果园创新商业模式，通过"平台＋合伙人"模式，门店快速扩张至5000家，市场份额在水果零售中位居行业第一。传统连锁企业开店的主要方式为直营模式和加盟模式。选择直营模式，企业资金压力较大，扩张速度慢，员工流动性大，管理难度大；选择加盟模式，企业可以快速扩张，但是无法把控质量和品质，大部分加盟企业都是一地鸡毛。

百果园总部做平台，让核心员工参与门店的投资，并负责店面经营。百果园门店的投资方分别为片区管理者、大区加盟商和店长。其中，店长占股80%，主要负责门店的经营工作；片区管理者占股17%，主要负责片区门店的管理；大区加盟商占股3%，主要负责门店的选址。

百果园平台对门店不投资，不占股，不收取加盟费，销售给门店的产品无差价。百果园平台主要负责连锁系统的管理、运营、人才输出、品牌运营、人员培养、培训、门店运营等工作。每家门店独立核算，百果园仅收取门店利润的30%，门店利润的70%按照投资比例分配给店长、片区管理者和大区加盟商。

门店如果亏损，亏损额全部由百果园来承担。如果连续亏损3年，公司则对门店进行评估，确定是否关闭，相当于公司承担门店3年的亏损期限。门店店长股权是动态变化的，可进也可退。店长股权退出时，店长早期投入资金按原数返还，同时还可以一次性获得门店分红收益的3倍补偿。

分股模式，让打工者成为投资者

打工者是干活拿工资，投资者享有经营单元利润的分配权。打工者成为单元投资者，是因为相信自己、相信经营单元、相信企业平台。员工认购单元股份，将单元利益与员工利益有效绑定，不仅实现了个人收入的增加，也实现了个人的社会阶层提升。单元投资的分股模式，让单元经营者、经营团队意识到：自己就是经营单元的主人，并不是为老板打工，而是自己投资自己，为自己干。

单元投资者的收入构成有哪些？例如，张珊作为一家母婴连锁门店的店长，持有门店20%的股权。张珊每个月享有门店支付的基本工资5000元，销售母婴产品的，按销售额的1%享受销售分成。平台核定门店净利润指标100万元，实际利润超过目标利润的40%作为经营分红归店长。门店实际完成销售额800万元，净利润150万元，张珊获得了分红奖励20万元。门店净利润扣除经营分红后的余额130万元，其中50%留存，50%作为投资分红的额度是65万元，张珊可以获得的投资分红13万元。因此，张珊作为单元经营者和单元投资人，有以下四项收入来源。

（1）年基本工资收入：6万元。单元合伙人作为单元经营者，对单元全面负责，由单元支付基本工资待遇。

（2）年销售分成：8万元。单元合伙人除全面负责单元经营外，也可对外从事销售业务，享受销售分成。

（3）年经营分红：20万元。完成经营目标，单元合伙人可以享受经营分红资格。

（4）年投资分红：13万元。单元合伙人投资单元，享有投资分红。

分股模式，员工与企业共担共享

只有拿人民币的合伙人才是真正的合伙人。能掏钱投资的合伙人相比不投资的合伙人，其合伙意愿更强，更愿意承担风险。货币出资是员工对企业的最大信任，愿意与经营单元共进退。万科郁亮说，职业经理人只有共享机制，没有共担机制。一旦遭遇巨大的经营风险，职业经理人就难以承担责任。员工只有真金白银地投资于所工作的企业，才能证明员工充分信任企业，愿意与企业共同承担风险。

平台持股是为老板干，单元投资是为自己干。平台持股方式下，老板持有大股份，员工通常持有小股份，本质上还是为老板干。划小经营单元，经营单元员工投资经营单元，对自己的"一亩三分地负责"，能够实现企业与员工的利益共享、风险共担。例如，RS健身俱乐部早期针对店长、健身教练采取的"基本工资+按单提成"的模式，店长和健身教练没有门店的"股权"，结果导致核心人员大量流失。实施单元投资的分股模式后，核心人员零流失率，还有很多其他健身俱乐部的教练慕名投资入伙。

4. 小微裂变的分拆模式

分拆模式是什么？

分拆模式也称小微裂变，是指平台将业务或资产分拆，经营团队与平台共同投资成立独立子公司，共享平台资源，相互赋能共同成长。小米的生态链投资就是分拆模式，通过分拆成立的独立子公司，也称为小微公司。小微公司包括平台控股型子公司、平台参股型子公司。属于平台主营业务分拆的小微公司，一般由平台控股；属于平台非主营业务分拆的小微公司，一般由平台参股。

实施分拆模式的前提

（1）**有可增长的业务**。不论是主营业务还是非主营业务，实施分拆模式后，原隶属于平台组成部分的业务（如事业部、分公司），成为独立的小微公司。

（2）**有独当一面的 CEO**。分拆出来的小微公司要有对经营负责的 CEO，CEO 不仅要具备专业能力、执行能力、创新能力、协调能力、沟通能力、领导能力，更要具备责任担当能力。只有有一个有担当、能负责的 CEO，才能将企业经营好。

雷神科技主营游戏笔记本电脑，是海尔打造的小微裂变的典范。雷神科技创始人、CEO 路凯林曾担任海尔集团笔记本事业部总经理。2014 年 4 月雷神科技创立时由海尔持股 85%，路凯林和团队持股 15%。路凯林由以前海尔集团的员工、经理人成了雷神科技的创始人、经营者，雷神科技独立于海尔集团运营和发展。2017 年雷神科技在新三板挂牌，2021 年 4 月 29 日在青岛证监局进行了 IPO 上市的辅导备案登记，正在全力冲击 IPO。

分拆模式，让经理人成为创始人

今天的经理人团队可以分为以下三类牛人。

第一类，能成为优秀的经理人。经理人喜欢追求确定性、稳定性，喜欢收入稳定，不喜好风险。经理人执行力较强，管理能力突出，但战略思维高度和体系化前瞻性不强。经理人在企业的地位并不是一成不变的，随着企业的发展、组织架构调整或者业绩受困，会随时更换经理人。经理人的代表人物如阿里巴巴的张勇、华为的余承东。

第二类，能成为优秀的合伙人。合伙人包括联合创始人、创始合伙人。合伙人有能力、有思维高度，但不一定能成为老大，愿意追随认可的创始人共同打江山。优秀的合伙人能在某方面独当一面，能够为创始人分担压力，是创始人的左膀右臂。合伙人与创始人具有很强的互补性。合伙人的代表人物如阿里巴巴的蔡崇信、小米的林斌。

第三类，能成为优秀的创始人。创始人喜欢追求不确定性的事物，承受高风险获得高回报。优秀的创始人具有强大的抗风险能力、协调能力和决断能力。创始人个人IP通常与创立的企业深深交融在一起，地位唯一且稳固。提起小米，就会想到雷军；同样地，提起雷军，就会联想到小米。

分拆模式，让一部分经理人成为创始人，独立经营、独立发展。通过分拆模式，许多愿意改变自己命运的经理人参与投资小微公司，并成为小微公司的创始人、经营者。

分拆模式，让企业裂变扩张

单元合伙的分拆模式，让老板成为小微公司投资人，经理人成为小微公司创始人。分拆模式吸引人才、资金、资源入伙，实现企业裂变扩张。分拆模式对企业发展有以下积极作用。

（1）**激励内部团队**。有独当一面能力的员工，都想自己创业当老板。与其出去自立门户创业与公司成为竞争对手，不如通过分拆模式让员工继续成为一家人。企业与员工共同投资小微公司，员工不仅能成为小微公司的股东，也可以成为小微公司的创始人。相比传统的在平台持股的股权激励，分拆模式能给内部团队更高、更广阔的成长通道和发展空间。

（2）**引进外部牛人**。人才的最高境界是不求所有，但求所用。企业支付高薪雇佣牛人对双方而言不是最好的合作方案：从企业角度而言，企业支付高薪酬，增加了固定成本，降低了支付率，增加了企业风险，但牛人能否真正产生实际效益是未知数；从牛人角度而言，随着时间的推移，牛人可能认为企业支付的薪酬并不能真正体现自己的价值。另外，很多牛人都是特立独行，在企业里工作，条条框框太多，不能完全按照牛人自己的想法来，可能干得不愉快。通过分拆模式，由企业与外部牛人共同投资成立小微公司。小微公司由牛人一起参与经营，牛人的收入主要来源于小微企业的经营状况，形成稳定的利益捆绑机制。

天润工业技术股份有限公司（以下简称天润工业）是以内燃机曲轴为主导产品的中国规模最大的曲轴专业生产企业。天润工业正是通过分拆模式，将牛人张广世博士深度捆绑。张广世系同济大学车辆工程博士，一直从事空气悬架项目的研究，专业技术过硬。张广世博士在国内率先提出用"有限元分析"进行空气弹簧的设计，更在全球首创起重机橡胶悬架技术。

天润智能控制系统集成有限公司由天润工业与张广世共同投资成立，注册资本1亿元，天润智控将立足整车空气悬架系统的生产，同时开发商用车ECAS系统。天润工业以货币资金及实物资产方式出资7500万元人民币，持有天润智控 75% 的股权；张广世博士以其自有汽车悬挂系统及相关技术出资 2500 万元人民币，持有天润智控 25% 的股权。天润智控成立后，张广世担任天润智控董事，并负责指导技术研发和技术应用。

（3）**平台资源变现**。盘活平台资产、资金、资源，提高收益率。小米科技是平台资源变现的典型代表，手机是小米科技的主业，通过手机和米聊，小米科技集聚了大量米粉。小米科技通过生态链计划，分拆了几百家公司，实现了平台资源变现。第一圈层是手机周边产品，如充电宝、耳机和音箱等；第二圈层是智能硬件，如空气净化器、电饭煲等；第三圈层是生活耗材，如毛巾、电动牙刷等。

（4）**企业风险控制**。通过分拆模式，将存在经营风险的业务成立独立子公司运作，未来出现经营风险时，由业务子公司承担责任，平台公司作为子公司的股东，只是在认缴出资范围内承担责任。

（5）**降低税负成本**。企业经营常见的税负成本包括增值税、附加税和企业所得税。借助不同业务的增值税税率差异和国家针对中小企业的税收优惠政策，将平台公司分拆为多个小微公司，可以有效降低企业税负成本。

第四章 单元合伙三大机制

平台赋能

单元划分

核算规则

汽车是怎么运行的？

汽车运行依赖三个核心部件：底盘、发动机、方向盘。

从科层雇佣制到单元合伙制，实施单元合伙在企业的应用，

首先要建立三大运行机制：平台赋能、单元划分、核算规则。

韩都衣舍创立于 2008 年，起初只是一个网店品牌，依托于互联网电商平台进行服装销售。在淘宝、京东、唯品会等电商平台火爆应用的时代，韩都衣舍能连续七年做到行业综合排名第一，其独特的小组制单元合伙模式功不可没。

1. 平台赋能

韩都衣舍的平台 PU 主要包括供应链、IT、客服、财务、行政、人力资源等部门，主要给产品小组 SU 提供柔性供应链、IT 信息系统、仓储物流、客服系统、摄影服务等运营支持。

柔性供应链方面。韩都衣舍按照一定算法指令对每件单品的销售额、毛利率、转化率、消费者评价、库存量等运营指标进行动态分析，并提供给各产品小组精准业务指导。

IT 信息系统方面。平台高度整合订单管理系统、供应链管理系统、仓储管理系统、商业智能系统和绩效管理系统等，不仅能实现对单款产品设计、修改、下单、采购、生产、质量、物流、交付等全生命周期数据获取，还能对电商特有的销售峰值进行预估和分析，为产品小组商品决策提供重要依据。

仓储物流方面。平台与全国各大物流快递公司建立长期合作关系，并且有能力承诺客户支付成功后第一时间（48 小时内）将包裹发出，顾客当天下单当天发货的比例高达 95% 以上。

客服系统方面。平台针对每一个产品小组都安排了专属客服团队，一方面根据品牌的风格定制客服昵称和聊天方式进行定制，另一方面是对每个产品小组需要服务的环节进行拆分，使每一位客服都能专注于某一项具体职能。

摄影服务方面。平台拥有180人左右的拍摄与后期团队，以及300位常规合作模特儿，同时在韩国首尔拥有1000多平方米的摄影办公区，能够为产品小组提供专业摄影支持工作。

2. 单元划分

小组SU一般为三人，包括设计师、页面制作专员、货品管理专员，大多由设计师担任小组长，即SU合伙人。小组SU之间可以自由流动，小组成员也可以出来单干建立自己的小组SU，甚至允许1人小组SU的存在。

如图4-1所示。

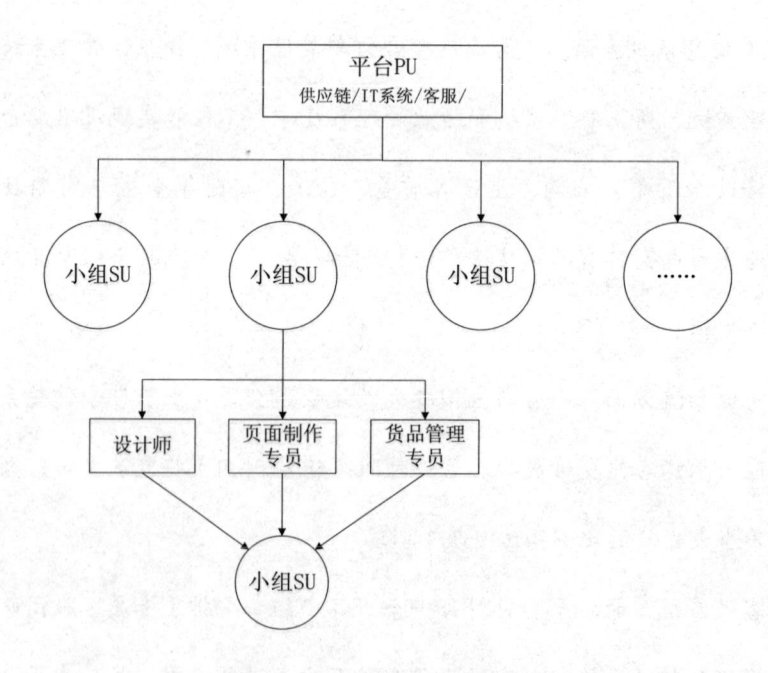

图4-1 韩都衣舍组织架构

3. 核算规则

平台 PU 与小组 SU 之间采取分包模式。每个小组 SU 都有一个独立核算的内部账户，会记录销售收入、费用、成本、毛利率、库存等重要经营数据。

平台 PU 会根据历史数据制定年度目标，并且将目标分解到各个小组 SU，小组 SU 根据目标任务可获得初始资金。举例来说，假设公司拟定今年的销售目标是 10 亿元，增长率为 50%，若小组承诺今年销售目标是 150 万元，则获得 75 万元资金支持。在这样的机制下，小组 SU 会衡量自己的能力和风险后再作决定，不会盲目报销售目标。

平台 PU 会根据小组 SU 的销售额、毛利率、库存周转率，确定小组奖金，具体金额为小组奖金＝销售额×毛利率×提成系数，然后小组组长可以自行分配组员奖金。

"平台赋能、单元划分、核算规则"是韩都衣舍产品小组制的基本构成。

一、平台赋能

1. 资源赋能是前提

员工选择在平台上创业，首先看中的是平台提供的资源，资源越多、资源成本越低，对员工的吸引力越强。中小企业员工就业，对企业的依赖性不强；员工内部创业，就需要平台系统提供的资源、资金、资产等，对企业的依赖性增强。平台系统的资源赋能包括资金赋能、资产赋能、资源赋能。

创业成本就是资源成本

当员工要离开公司独立创业时，需要面对的第一问题是创业成本。独立创业需要创业资金，租赁办公室、厂房、设备，购买原材料等，这些创业成本主要是获得资源的成本。很多有才华、有理想的年轻人都是因为资源成本较高而放弃了创业，但是又不甘于为老板打工。

平台系统的资源赋能就是平台赋能经营单元所需要的资源。当员工在平台上获得资源的成本低于外部，甚至可以在平台上零成本创业时，员工对企业平台有较强的依赖性。员工有强依赖性，企业的组织效率和经营效益就高。

资源赋能员工内部创业的意义在于：当员工外部创业的成本远远高于内部创业的成本时，员工就会选择和平台共创、共担、共享。

资金赋能

以工程施工行业为例，很多工程施工企业通常是先垫付工程款，确保项目有序推进。业主根据项目的施工进展，分阶段进行验收，并支付验收合格阶段的工程款。因此，每个项目组作为一个经营单元与企业平台合作时，平台需要对经营单元投入资金。另外，在项目执行过程中，涉及项目组成人员的工资薪酬发放、原材料的购买，都需要平台提供营运资金。

平台对经营单元资金赋能包括以下两种形式：

（1）对经营单元的投入资金。主要是经营单元的启动资金，如新设门店的装修费、场地租赁费、设备租赁费或购买款。对经营单元的投入资金需要计算投资回报周期，经营单元向平台支付投资收益。

（2）经营单元的营运资金借款。主要是经营单元正常经营所需的后续资金，如涉及原材料的采购、人员的工资费用等。经营单元向企业平台内部借款必须支付资金利息。

资产赋能

平台赋能经营单元的有形资产如设备、厂房、办公室、原材料等，这是经营单元内部创业的硬件和刚需部分。

平台赋能经营单元的无形资产如品牌、文化、知识产权以及成功的经验和运营模式等,这些往往是企业竞争优势的基础。

资源赋能

经营单元需要从平台获得的资源包括:产品资源、客户资源、技术资源、品牌资源、代理权资源、经营许可证、行业资质等。这些资源需要人才投入、资金投入、时间积累和信用积累。对于一个想独立创业的员工,这些资源短时间内很难买到,是平台系统对经营单元最有价值的资源赋能。

2. 经营赋能是基础

平台赋能经营单元,不仅是资源支持,更是为了让经营单元盈利和持续发展。

经营单元要获得持续发展,必须从平台获得经营赋能。经营赋能包括战略系统、产品系统、运营系统,经营赋能是平台运营和经营单元盈利增长的基础。

战略系统

经营单元要想获得持续发展和增长,需要平台系统在战略体系解决三个问题:战略定位(我是谁)、战略规划(去哪里)、战略计划(如何去)。

这三个问题中，战略体系的核心是战略定位。战略定位是竞争策略和经营策略；战略规划是经营方向和目标；战略计划就是把战略定位和战略规划落地的具体做法、具体步骤和具体行动。

战略定位就是创建一个价值独特的定位。战略定位是指企业通过什么方式和途径为哪些客户提供什么产品和服务的决策，以获取和保持经营优势，实现企业战略目标。从本质上讲，战略定位是选择与竞争对手差异化的活动，或以差异化的方式完成相似的经营。战略定位决定了企业的发展方向、资源分配、经营优势的获取和保持，以及最终战略目标的实现。

战略定位决定着企业平台未来的发展方向。通过对战略定位问题的回答，明确企业为哪些客户提供什么产品和服务，也就是说，明确了企业做什么和不做什么的问题。很多企业经营失败就是由于发展方向不明确，不能将有限的资源集聚到特定的目标客户和产品上，从而导致企业耗费了资源，错过了有利的发展机遇。发展方向的不明确或经常变化，容易导致员工疲于奔命，没有成就感，最终影响员工工作的积极性和主动性。此外，企业发展方向定位的不清晰，还容易引致客户及合作伙伴对公司的专业性和发展的持续性产生怀疑，从而影响企业产品的销售和合作伙伴的支持。

战略定位决定了企业的资源分配。任何企业的资源都是有限的，企业必须将有限的资源聚焦于能产生最大回报的业务上。企业资源，特别是人力资源方面的不适当使用和投入，将对企业的发展造成非常严重的负面影响。目标市场定位决定了企业应在营销、销售和服务方面投入的资源；产品定位决定了企业应在研发和生产方面投入的资源；商业模式定位则决定了企业在各个内部流程环节与合作伙伴合作方面应投入的资源。

战略定位决定了企业的经营决策。没有明确的战略定位，企业的相关决策就可能偏离正确的方向，有些决策之间还会产生矛盾。战略定位决策是企业其他一切决策的前提和基础，是企业战略绩效之源。正确的战略定位将保证企业获得和保持经营优势，以尽可能低的成本实现企业的发展目标；而错误的战略定位则很容易使企业做出一系列低效甚至是自相矛盾的经营决策，浪费企业宝贵的资源，影响企业战略绩效，甚至危及企业的生存。

为了获取和保持经营优势，保障平台运营和经营单元持续增长，企业根据经营环境特征和自身实力，在正确的战略定位理论和方法的指引下，做好企业的战略定位工作。没有平台战略定位的成长性，就没有经营单元的持续发展和盈利。

产品系统

经营单元直接服务客户、营销客户。经营单元要想持续盈利和增长，需要平台在产品系统内解决三个问题：确定目标用户（卖给谁）、规划产品矩阵（卖什么）、建立营销体系（怎么卖）。

（1）**确定目标用户**。德鲁克说过，企业的唯一目的就是创造用户。目标用户不仅仅是购买产品和服务的对象，还要将用户人群划分为三种人：竞争性人群、普通客户、非适宜人群。产品初期要重视竞争性人群，围绕他们建立认知和品牌势能；然后从普通客户那里获得销售和利润；避免过多的非适宜人群成为"陷阱客户"。

（2）**规划产品矩阵**。目标用户的需求是什么？"痛点"、"爽点"和"痒点"，无论是哪一点，只要抓得准，都可以成为产品的切入点。做一个产品，要么找到"痛点"帮助用户抵御恐惧，要么找到"爽点"即时满足用户的需求，要么找到"痒点"帮助用户看到理想的虚拟自我。规划产品矩阵，就是通过产品建立认知势能，获得流量资源和利润。产品矩阵必须有四类产品：导流产品、招牌产品、利润产品、认知配套产品。

（3）**建立营销体系**。将产品卖给客户是"卖"的思维，让客户主动选择买产品是"买"的思维。"卖"的思维是从用户的需求出发，我们很少怀疑这一点，即使出现了很多反例：在苹果手机出现以前，用户很难说自己想要一部像苹果手机一样的手机，他们只想要一部更抗摔的诺基亚手机。苹果的案例告诉我们，苹果手机不是卖，而是用户主动买。某些时候，市场是由供给而非需求驱动的，这是"买"的思维。营销思维研究的场景更多是由需求驱动的，它默认市场是供大于求的，我们要与竞争对手争抢同一个用户。而增长思维主要研究"用户如何买"，研究供给和需求。市场如果存在增长的机会，一定存在供需不平衡。调节供需，适度以"买"的思维增加新产品供给，使其趋向于平衡，增长就会实现。

从传统"卖产品"的营销体系到让用户"买产品"的增长体系，平台赋能大、经营单元事半功倍，对平台的依赖性更强。

运营系统

美军作战阵型的变化。第二次世界大战时，美军以军为单位作战；到了越战，就减少到以营为单位作战；到了中东战争，则进一步减少到7人或11人的小班排。这些小班排会快速深入敌军防区，并传送回精准的目标信息，而后召唤中后台庞大的火力配合，进行精准打击。前台的灵活性加上后台资源的规模支撑，就形成了一种可怕的战斗力。

平台如何系统支持经营单元的增长？单元合伙制范式下，企业组织为"平台＋经营单元"的架构，平台赋能经营单元的运营系统作为后台，通常包括人事、行政、财务、审计、法务、风控、产品研发、大数据和IT系统等。后台作为前端业务协同发展平台，通过搭建管理体系，强化核心职能，优化管控流程，提供专业服务，成为高效能职能管理和服务输出平台。

后台一般管理企业的一类核心资源，例如财务系统、产品系统、客户管理系统、风险管控系统、战略指挥系统、生产建设系统、仓储物流系统等，这类系统构成了企业的后台。后台重点聚焦于战略规划、服务支持、制度输出、战略落地、绩效管理、创新整合、资本运作、市场引领等职能。

相比于后台，许多企业也衍生出"中台"的概念。"中台"如客服、营销、供应链、产品等，能从专业技术和业务层面支持前端经营单元，包括营销方法的培训、客户标准服务体系的建立和培训、产品质量的监管和检测等。美军特种部队的几人或十几人在战场一线，可以根据实际情况迅速作出决策，并引导精准打击。而精准打击的导弹往往是从航母舰群上发射的，后方会提供强大的侦察火力后勤支援。我们可以这么理解，后方一般属于军事基地，属于后台；实施精准打击的导弹来源于中台的航空母舰；前线的几人或十几人特种部队属于前端战斗单元。中台能将前端经营出现的共性问题归集，建立共享性、集约化、规模性平台，为前端提供支撑和赋能。平台型组织要建设大规模支撑中台，通过标准且简洁易用的界面，使组织职能模块化，通过能力复制的机制，不断地把原有业务的核心能力复制到其他业务和新兴业务，实现增长目标。

3. 组织赋能是保障

文化系统

托马斯·彼得斯（Thomas Peters）说过："一个伟大的组织能够长久生存下来最主要的条件并非结构形式或管理技能，而是我们称之为信念的那种精神力量，以及这种信念对于组织的全体成员所具有的感召力。"在企业内部推行单元合伙制，平台必须确定使命、愿景和核心价值观，作为经营单元开展经营活动的指导性标准和要求。否则，仅靠利益关联，没有信念支撑，平台组织不可能持续发展。文化系统是平台型组织的基本保障。

（1）**企业使命**。企业使命是对企业自身和社会发展所作出的承诺，企业存在的理由和依据，是组织存在的原因。明确企业使命需要回答以下问题：

①我们的事业是什么？

②我们的用户群是谁？

③用户的需要是什么？

④我们用什么特殊的能力来满足用户的需求？

⑤如何看待股东、客户、员工、社会的利益？

阿里巴巴的使命是"让天下没有难做的生意"。

伯格联合的使命是"让人人成为创业者，实现共同富裕"。

（2）**企业愿景**。企业愿景是企业的长期愿望及未来状况，组织发展的蓝图，体现组织永恒的追求。确立企业愿景需要解决以下三个问题：

①我们要到哪里去？

②我们未来是什么样的？

③目标是什么？

阿里巴巴的愿景是"活102年：我们不追求大，不追求强，我们追求成为一家活102年的好公司，到2036年，服务20亿名消费者，创造1亿个就业机会，帮助1000万中小企业盈利"。

伯格联合的愿景是"传播单元合伙，支持100万家企业组织进化和创新增长"。

（3）**核心价值观**。企业核心价值观是企业对本组织及其相关的人、事、物的意义及其重要性的基本评价与共同看法。核心价值观包含四个方面的内容：

①它是判断善恶的标准；

②群体对事业和目标的认同，尤其是认同企业的追求和愿景；

③在认同的基础上形成对目标的追求；

④形成一种共同的境界。

阿里巴巴的核心价值观是"客户第一，员工第二，股东第三；因为信任，所以简单；唯一不变的是变化；今天最好的表现是明天最低的要求；此时此刻，非我莫属；认真生活，快乐工作"。

伯格联合的核心价值观是"向上而生，向善而行；因为专注，所以专业；有要性，有方法，有结果"。

人事系统

在企业实施单元合伙改制以后，平台系统和经营单元面临的最大问题是：人才。一方面，经营单元需要专业人才，但是如何招聘、培训、考核，经营单元不具备人事组织能力，需要依靠平台支持；另一方面，企业发展拓展了更多的经营单元，企业平台必须建立一个强大的人事体系支持经营单元发展。

（1）**招聘体系**。平台赋能，为经营单元招聘人才，解决"人不好招"的问题，保障经营单元的人才持续性。招聘体系涉及招聘岗位说明、招聘流程设计、招聘题库优化、应聘人员评估等流程。

（2）**培训体系**。招到人是第一步，如何实现人才的持续成长？平台赋能必须支持经营单元作好人才培训，人才培训体系具体包括：新人入职培训、任职晋升培训、专业能力培训、经营管理层培训、合伙人与股东培训等。

（3）**绩效体系**。如何建立绩效考核体系，评估人才？绩效考核体系包括新员工实习期考核、任职考核、晋升考核。按照时间维度分为月度考核、季度考核、年度考核。绩效考核应当以结果为导向兼顾过程。"没有好结果的过程是垃圾，没有高效率的结果是成本。"

(4) 团建体系。如何让一伙人变成一个团队？团队建设是为实现团队绩效及产出最大化，而进行一系列结构设计及人员激励等优化行为。通过团建活动，提升员工的认同感、归属感、信任感、责任感和荣誉感。比如，阿里巴巴团建系统分为三个部分："思想团建、生活团建、目标团建。"

治理系统

公司治理不是公司管理。雇佣关系是以经理人为对象，以公司管理制度为基础强调服从执行；合伙关系是以合伙人为对象，以公司治理规则为基础强调契约精神。实施单元合伙，必须有完整的公司治理系统。经营单元合伙人作为管理者不仅要遵守公司管理制度，还要遵守公司治理规则。

(1) 治理对象。治理对象包括：平台系统，创始人、经营合伙人、投资合伙人、资源合伙人；业务单元，经营合伙人、投资合伙人、资源合伙人；超级单元合伙人。治理对象不包括雇佣制拿固定薪资的人员。

(2) 治理结构。治理结构指"三会一层"的公司治理结构：股东会治理、董事会治理、监事会治理、经营管理层治理。

(3) 治理规则。以合伙人为主体，公司治理规则包括进入机制、分配机制、决策机制、控制机制、退出机制、回购机制等。

二、单元划分

DS公司主营进口二手钢琴加工业务。二手钢琴翻新加工改造一般经过如下流程：卸货、做漆抛光、铁铜部件除锈、榔头整理、卫生整理、整体调整和调音。DS钢琴公司加工厂有40人左右，在企业组织变革前，属于矩阵式科层结构，7道工序划分为7个小组，属于串联组织。一道工序完成后，转到下一道工序。

改革前的串联组织如图4-2所示。

卸货 → 做漆抛光 → 铁铜部件除锈 → 榔头整理 → 卫生整理 → 整体调整 → 调音

图4-2　改革前的串联组织

在专业化分工的串联组织结构下，如果上一道工序未完成或者出现延误，会导致下一道工序的工作人员只能停工等候。下一道工序的完成效率完全依赖于上一道工序的完成效率。钢琴加工厂要完成下达的指标常常倍感吃力，工厂厂长经常抱怨人不够用，要求公司继续招人。

DS钢琴导入单元合伙制改革后，将40人的加工厂改为3个分厂SU，每个SU确定一名单元合伙人和员工10多人。每个SU作为一个单元均能独立完成前述7道工序，都能独立生产加工钢琴。也就是将原来专业化流程分工的串联组织改为能独立生产加工的并联组织。

改革后的并联组织如图4-3所示。

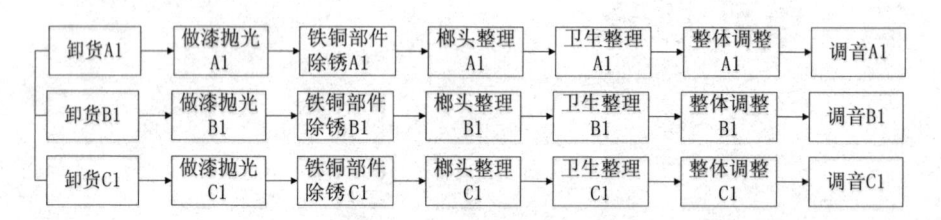

卸货A1	做漆抛光A1	铁铜部件除锈A1	榔头整理A1	卫生整理A1	整体调整A1	调音A1
卸货B1	做漆抛光B1	铁铜部件除锈B1	榔头整理B1	卫生整理B1	整体调整B1	调音B1
卸货C1	做漆抛光C1	铁铜部件除锈C1	榔头整理C1	卫生整理C1	整体调整C1	调音C1

图4-3　改革后的并联组织

实施单元合伙制后，3个加工分厂SU形成你追我赶的"赛马机制"，由调整前每天翻新8台钢琴增加到12台钢琴，效率大大提高。每个分厂作为独立核算的经营单元，分厂负责人不再要求DS钢琴公司增加员工，反而开始觉得机构臃肿，主动要求减员。

实施单元合伙制，平台赋能的对象是经营单元。经营单元是直接服务客户、营销客户的前端经营组织，划分经营单元有三大操作步骤：

第一，利润化定结构；

第二，并联化定职能；

第三，创客化定人员。

1. 利润化定结构

经营单元是利润化组织

企业是要盈利的，经营单元是企业平台的前端营利组织，企业平台赋能经营单元盈利增长。经营单元利润增长决定了企业利润增长。单元合伙不同于传统的科层管理，经营单元是利润化组织，而不是管理型组织。前面讨论过，经营单元有三大特征：客户导向、市场付费、独立核算。

标准版的 PU-BU-SU 组织结构

标准版的 PU-BU-SU 组织结构如图 4-4 所示。

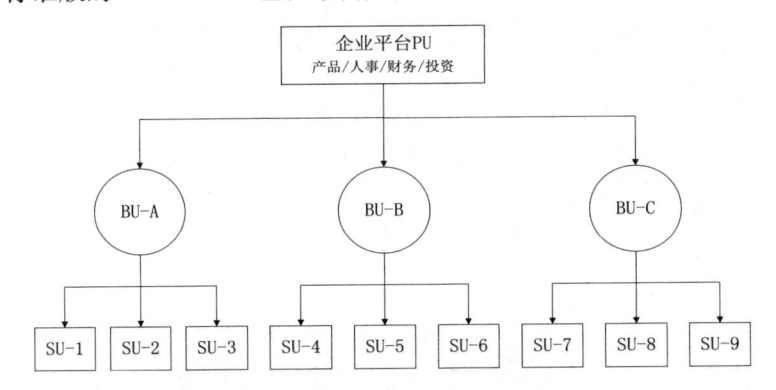

图 4-4 标准版的 PU-BU-SU 组织结构

基础版的 PU-SU 组织结构

按照经营单元必须是利润化组织的要求，超级单元必须是最小利润组织。PU-SU 的组织结构模式，就是企业平台 PU 直接赋能 SU，没有中间 BU。例如，韩都衣舍主要可以分成两大组织，一是企业服务平台 PU，二是300多个产品小组SU，平台直接赋能以产品小组为主体的经营单元。PU-SU组织结构有三种存在形态。

第一，公司规模比较小。例如，一家医疗器械的代理公司，全员不到30人，公司实施单元合伙改制，每个业务代表就是一个SU，企业平台PU直接为每个SU提供产品代理权、资金借款、物流配送和财务结算赋能。

第二，业务相对单一。例如，网约车平台PU通过IT数据系统，直接赋能1000万网约车司机SU，每个网约车司机直接获得平台的订单，直接和平台结算。

第三，通常没有跨区域经营或者连锁经营。如果有跨区域经营或者连锁经营业务，一般会在当地注册法人机构，独立纳税。

基础版的PU-SU组织结构，如图4-5所示。

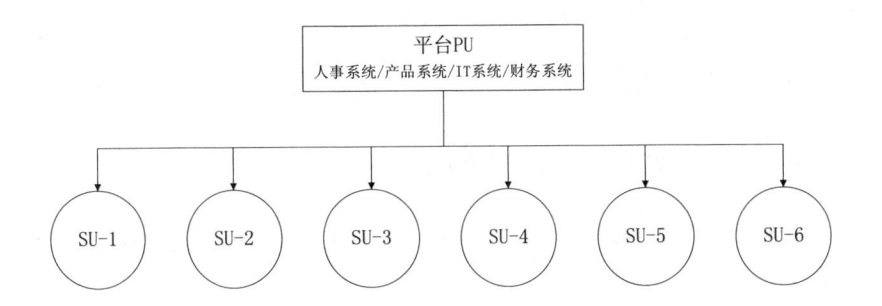

```
           ┌──────────────────────────┐
           │         平台PU            │
           │ 人事系统/产品系统/IT系统/财务系统 │
           └──────────────────────────┘
    ┌────────┬────────┬────────┬────────┬────────┐
    ↓        ↓        ↓        ↓        ↓        ↓
  SU-1     SU-2     SU-3     SU-4     SU-5     SU-6
```

图 4-5 基础版的 PU-SU 组织结构

经营单元的八大法律主体

经营单元是一个什么商业组织？经营单元有法人资格吗？经营单元需要独立纳税吗？经营单元是 BU 和 SU 的统称，实施单元合伙，企业平台下的经营单元有八大法律主体。

（1）子公司：是以企业平台下的 BU 为主，子公司 BU 的主体是独立子公司，具备独立法人资格、独立纳税资格。

（2）分公司：是以企业平台下的 BU 为主，分公司 BU 的主体是分公司，虽不具备法人资格，但可以成为独立纳税主体。

（3）分店：是以企业平台下的 BU 为主，分店 BU 的主体是连锁门店，门店可以注册为子公司、分公司、合伙企业、个人独资企业、个体工商户等形式。小型门店可以是 SU。

（4）分厂：是以企业平台下的 BU 为主，分厂 BU 的主体是独立工厂或者分厂，独立工厂是具备生产及安全许可证的法律主体，分厂是内部划分的组织。分厂内部再划分为生产小组 SU，小型分厂可以是 SU。

（5）事业部：是以企业平台下的 BU 为主，事业部 BU 属于企业内部的经营组织，事业部可以再划分为 SU。

（6）销售组：大部分销售组是企业平台下的 SU，属于企业平台内部的经营组织。

（7）项目组：大部分项目组是企业平台下的 SU，属于企业平台内部的经营组织。项目组主要在技术咨询、工程咨询等行业较多。

（8）个人：个人都是企业平台下的 SU，个人 SU 的法律关系可以和企业继续保持雇佣合同关系，也可以转为代理合作、技术合作关系。

打破科层制，但不能消除科层制

实施单元合伙制，就是要打破科层管理制，建立"平台赋能+经营单元"的组织模式，但并不意味着可以在企业内部消除科层制。为什么？科层制组织最大优势是，能统一指挥减少不确定性，让生产更加标准化，形成规模效应。这是经营单元达不到的效果。

要实施单元合伙，必须有平台赋能；要作平台赋能，必须有资源赋能、产品赋能、组织赋能；要作资源赋能、产品赋能、组织赋能，必须有规模效应；要有规模效应，最后就必须依赖科层制组织。

在单元合伙的实践中，前端经营单元实行合伙制，让服务客户的销售、技术、生产等更灵活地接近市场；后台的平台系统实行科层管理制，保障平台赋能需要的规模效益。

2. 并联化定职能

经营单元是并联化组织

如何让员工和经营单元对客户负责，对市场的风险负责？基于科层制的串联式组织结构，都是按照专业化流程和职能分工设计的。串联式组织有两个致命的缺陷：

（1）部门之间协调难，以客户为中心，客户需要跨部门协作时，需要经过漫长的汇报、请示、协调流程；

（2）内部市场化定价难，内部市场的交易价格不好定，不管上游部门还是下游部门都想定价高，都不想定价低利润少。

串联组织改为并联组织，就是在一个经营单元内部，将相关职能模块并联，独立服务客户、营销客户，获得盈利增长。比如，韩都衣舍的产品小组，就是一个并联化组织。每个产品小组并联了服装设计、页面设计和推广、货品管理三个职能，而这些职能原来分属于三个不同的职能部门。这种并联化设计经营单元的好处有以下两点。

（1）共同服务客户。因为职能并联，经营单元不需要面对跨部门的协调，平台赋能经营单元，单元内部成员一起服务客户。

（2）共同承担风险。如果经营单元赚钱，大家一起分；如果经营单元亏损，大家一起赔。科层制企业的经营风险由老板一人承担，下沉到经营单元后，员工一起分担。经营单元并联化让员工与经营单元、经营单元与老板共同对客户负责，共同对市场的风险负责。

经营单元的四大基本职能

（1）**销售型职能**。经营单元的职能是将产品直接销售或者通过代理销售给外部客户。销售型职能的经营单元在商贸代理行业比较多，经营单元可以按照区域类别、产品类别、客户类别划分。例如，LB商贸公司主要为中小型超市提供集成采购的供应链服务，其经营单元按照地市级城市划分超级单元SU，每个SU负责在当地开发超市作为产品销售伙伴。XD商贸公司从事轻奢品代理销售业务，旗下代理品牌包括UGG、ALEXANDER、SWAROVSKI等，按照产品类别划分为四个BU，每个产品线所属的十多家专卖连锁店，被划分为SU。

（2）**技术型职能**。经营单元的职能是为外部客户和内部客户提供技术支持。技术型职能的经营单元在技术服务行业比较多，比如在咨询行业，每名咨询师可以作为一个技术型SU，也可以是"咨询师+助理"作为一个技术型SU。

（3）**生产型职能**。经营单元的职能是为外部客户和内部客户生产产品或者交付服务。生产型经营单元在生产制造行业比较多，比如DS钢琴实施单元合伙以后，将一个加工厂改制为三家分厂，每个分厂都能独立加工钢琴。

（4）**复合型职能**。复合型经营单元的职能就是直接服务客户。单元内部融合了不同的生产职能、技术职能、销售职能。复合型职能的经营单元有四类职能定义。

①**销售+技术+生产的职能**。经营单元具备销售、技术、生产三大职能，

直接服务客户、营销客户。例如，HZ口腔医院的每个医疗小组就是一个SU，医疗小组共有4人，包括1名主治医生，1名助理医生，2名护士。医疗小组首先具备营销客户的销售职能，其次具备为客户提供口腔治疗方案的技术职能，最后具备为客户提供治疗手术、完成交付结果的生产职能。

②**销售+技术的职能**。经营单元具备销售、技术两大职能，直接服务客户、营销客户。例如，韩都衣舍的企业平台负责生产、物流等支持，3人产品小组内部的服装设计师具备技术职能，页面设计具备线上销售职能，货品管理员负责商品采购和库存管理支持。

③**销售+生产的职能**。经营单元具备销售、生产两大职能，直接服务客户、营销客户。例如，DZYH公司是一家高端养生连锁企业，企业平台负责技术研发，每个门店是BU，每个技师就是一个SU。技师同时具备营销客户的销售职能和服务客户的生产职能。

④**技术+生产职能**。经营单元具备技术、生产两大职能，以直接服务内部客户为主。例如，ZB智造公司的组装厂以内部销售部门的订单为主，负责生产加工蒸发式加湿器，并通过技术创新提高产品品质。

3. 创客化定人员

经营单元是创客化组织

如何让员工像老板一样工作？老板在企业的真实身份有三个：

（1）创业者，作为公司发起人，承担创业风险；

（2）投资者，投入资金、资源、资产；

（3）经营者，对公司经营和利润负责。

单元合伙就是从就业到创业的组织进化模式。经营单元是以内部创业为主的组织，平台组织模式的特点是，企业平台化、员工创客化、组织单元化。员工创客化包括三层含义：

（1）员工主动干，为自己干；

（2）以客户为中心，服务客户、营销客户；

（3）对自己负责，对利润负责。

经营单元是创客化组织，就是员工以老板的身份工作，从劳动者、打工者成为经营单元的创业者、经营者、投资者。

BU 定人员

定义 BU。在企业实践中，BU 可以是一个餐饮连锁店、一个区域销售公司、一个产品事业部。BU 是企业平台的经营分支机构或派生机构，是前端的独立经营主体，主要是直接运营赋能 SU。

BU-CEO。BU-CEO 是业务单元的经营者，也是 BU 第一经营责任人。BU-CEO 不仅具备管理团队运营的能力，更要具备增加收入，降低成本，赢得利润的经营能力。BU-CEO 可以根据利润完成情况参与经营分红；也可能是业务单元的投资者，参与投资 BU，获得投资分红。

BU 经营团队。协助 BU-CEO 的 BU 职能负责人、SU-CEO 等人员，由 BU-CEO 选聘，组成 BU 经营团队。BU 经营团队可以参与业务单元 BU 的经营分红。

其他员工。BU 和 SU 聘用的其他员工，如果是拿固定薪酬的，按照雇佣制的规章制度执行；如果是拿变动薪酬的，按照单元合伙制的规定执行。

SU 定人员

定义 SU。SU 是企业平台的经营最前端，就是"最小化的可复制的细胞公司"，直接服务客户、营销客户。

SU 人员构成。SU 的职能定义决定人员构成，功能越多，人员越多；功能越单一，人员越少，甚至就是一个人。

SU 人员数量。单元越小，为自己干的动力越强。人越多，越容易推卸责任。

人数 1—4 人。例如，韩都衣舍 3 人产品小组；HZ 口腔医院 4 人医疗小组；伯格联合每个产品销售 SU 只有 1 人。

SU 的劳资关系。SU 的核心人物是 SU-CEO，其他人员由 SU-CEO 选聘。SU-CEO 是 SU 的创业者和经营者，对 SU 的经营和利润负责，没有固定薪酬，根据 SU 实际利润获得相应报酬。

4. 四大行业的单元划分标准

《财富中国》根据发达国家的行业界定与行业演变规则，对中国的行业进行新分类，具体包括机构组织、农林牧渔、建筑建材、冶金矿产、石油化工、水利水电、交通运输、信息产业、机械机电、轻工食品、服装纺织、专业服务、环保绿化、旅游休闲、办公文教、电子电工、玩具礼品、家居用品、物资、包装、体育。

单元合伙是从货币资本与人力资本相互雇佣的角度,将所有企业划分为加工制造、消费连锁、商贸代理和技术服务等四大行业。按照四大行业的共性划分经营单元具有代表性,相关行业和企业都可以作为参照划分经营单元。

制造行业以"职能"划分经营单元

制造业是指按照市场要求,利用物料、能源、设备、工具、资金、技术、信息和人力等资源,通过制造过程,转化为可供人们使用和利用的大型工具、工业品与生活消费产品的行业。

制造行业实施单元合伙,按照内部职能划分为产品研发、原料采购、仓储运输、产品生产和销售等经营单元。例如,ZB智造公司作为一家制造蒸发式加湿器的企业,按照研发设计、生产和销售三大主要职能,划分为20个SU。仅在研发设计就划分为定义组、结构A组、结构B组、工艺组、硬件组、软件组、测试组、供应链组等8个SU。

连锁行业:以"门店"划分经营单元

连锁行业就是把独立的经营活动组合成整体的规模经营,从而实现规模效益。经营1家门店是单店,经营10家门店就是连锁。

连锁行业以门店为主体划分经营单元。这里的经营单元,主要指业务单元。门店可以是以个体工商户、个人独资企业、合伙企业、分公司、子公司的形式注册。例如，HY 生活美容连锁的 10 多家门店就是注册的个体工商户，由管理公司统一管理。每家门店包括店长和其他经营者。HY 生活美容连锁门店，包括了 1 名店长和其他 4 名美容师。每家门店独立核算，涉及收入、支出和盈余。

商贸代理行业：以"产品、区域或客户"划分经营单元

商贸代理以产品、区域或客户分类，划分经营单元。在实际业务中，商贸代理包含三种业务形态："传统代理""代理+门店""电商小店"。

例如，LB 商贸公司主要为河南、陕西、山西等地区的中小型超市提供集成采购的供应链服务。公司销售端按照销售片区划分单元。

XD 商贸公司从事轻奢品代理销售业务，业务主要布局在东三省和山东，旗下代理品牌包括 UGG、ALEXANDER、SWAROVSKI 等，有多家线下门店。企业按照产品线划分为 UGG 业务单元、ALEXANDER 业务单元和 SWAROVSKI 业务单元等。

Y 公司是一家从事白酒业务的商贸类企业，兼做线上、线下的销售。收入来源于线上销售和线下销售，线上占 45%，线下占 55%。Y 企业将线上、线下分别划分为"线上单元""线下单元"。

技术服务行业以"项目组"为经营单元

技术服务业是为个人、企业和机构提供专业技术服务，这些技术服务有极高的专业技能。

我国技术服务业包括气象服务、地震服务、海洋服务、测绘服务、技术检测、环境监测、工程技术与规划管理、工程管理服务、工程勘察设计、规划管理、管理咨询服务、其他技术服务等。

从市场准入的角度来看，专业技术服务业可以分为两类：

第一类是需要由政府授予执业资格；

第二类则无须政府批准即可执业。

技术服务行业通常以项目组作为超级单元，每个项目组可以独立核算收入、支出和盈余。根据技术服务具体可以分为：

咨询项目组。咨询项目组包括项目组组长和其他咨询师，常见于咨询服务、营销策划和设计服务等。如 DM 文化传播公司，每个咨询项目组包括策划师、文案专员、平面设计和客户经理。

研发项目组。通常由技术研发人员组成，以企业内部客户为主，也可以承接外部客户订单。

工程项目组。工程项目组常见于工程领域，如一个工程项目组包括项目经理、工程师、预算专员和其他参与者。

三、核算规则

HZ口腔医院实施单元合伙,经营单元如何执行核算规则?

PU-BU-SU的组织架构。HZ口腔管理公司是PU的主体,负责口腔医院的投资及运营、品牌运营、医疗技术研究和供应链管理。HZ口腔医院是BU的主体,每个口腔医院的投资额在300万元左右。口腔医院内部的4人医疗小组是SU。如图4-6所示。

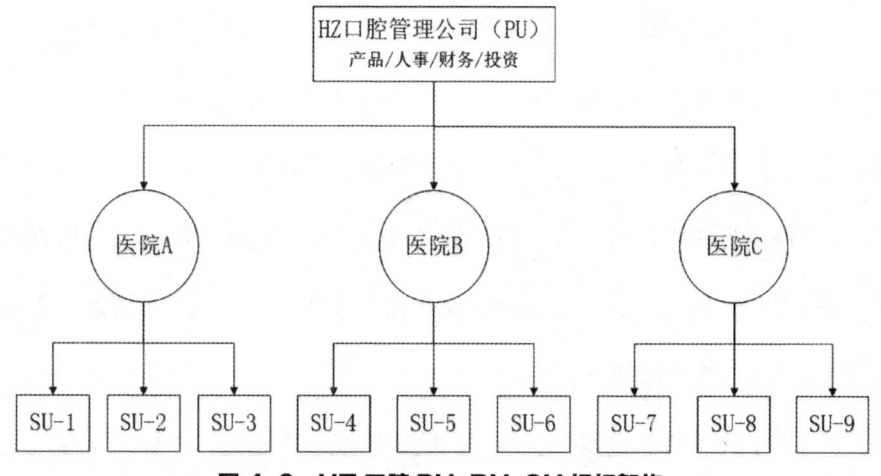

图4-6 HZ口腔PU-BU-SU组织架构

SU核算。每个医疗小组编制为两名医生、两名护士,设立内部账户，独立核算医疗小组的收入、成本、利润。医疗小组作为一个内部创业单元，实行分包模式，当月完成的收入50%归该医疗小组，50%归医院。每个医疗小组成本包括人员工资、劳动保险、耗材费、办公费、其他费用等。医疗小组有盈利的，组长对小组利润有再次分配的决定权。

BU核算。每个口腔医院实行经营分红模式，核算口腔医院的年度收入、成本、利润，经营团队完成当年经营计划，按照净利润的20%分红。

PU核算。HZ口腔管理公司的收入包括：企业平台对口腔医院的投资分红、口腔医院的管理费、供应链收入、品牌授权收入。

1. 单元合伙四大核算主体

合伙机制是以核算规则为基础的。传统雇佣制是货币资本雇佣人力资本，单元合伙制是人力资本和货币资本相互雇佣。单元合伙制就是员工和老板相互成就，经营单元和企业平台共创事业、共担风险、共享收益的机制。实现单元合伙的收益共享，必须核算收益、核算利润，共享机制是以财务核算为基础，核算参与各方的收入、成本、利润。没有财务核算系统，就没有共享收益的分配系统；没有核算规则，就没有共享机制。单元合伙的四大核算主体如下：

（1）**平台系统**。核算平台系统的收入、成本、利润；核算平台系统与业务单元或者超级单元的收入结算、成本分摊、利润分配。

（2）**业务单元**。核算业务单元的收入、成本、利润。核算业务单元与平台的收入结算方式、业务单元与超级单元的收入结算方式，以及成本分摊和利润分配。

（3）**超级单元**。核算超级单元的收入、成本、利润。核算超级单元与平台的收入结算方式、超级单元与业务单元的收入结算方式，以及成本分摊和利润分配。

（4）**单元合伙人**。核算单元合伙人的收入、成本和利润。核算个人和超级单元、个人和业务单元的收入结算方式、成本分摊和利润分配。

2. 单元合伙三大核算规则

第一，收入核算规则：内外兼收。核算经营单元的收入，以外部客户收入为主，不仅核算为客户提供产品和服务的外部收入，也包括内部市场交易的收入。例如，HZ口腔医院医疗小组SU-1帮助SU-2小组，做了一个高技术难度的种植牙手术，获得SU-2小组支付的1万元手术费。

第二，成本核算规则：不摊不占。通俗地讲，就是"老子不给儿子摊派费用，儿子不占老子的便宜啃老"。单元合伙的成本核算，既包括原材料成本、产品成本，也包括工资费用成本、办公费用成本、租金和利息成本等所有的支出费用。

①平台不给经营单元摊派所谓的平台公共费用，公共费用作为平台成本费用由平台消化。如果平台要经营单元分摊公共费用，不仅会导致经营单元费用增加，还会使经营单元觉得：单元为平台打工，员工还是为老板打工。

②经营单元不要占平台的便宜，该支付的费用必须支付。例如，HZ口腔医院的 SU-1 每月需要向平台支付医疗设备租赁费 3000 元，按经营收入向平台支付 3% 的管理费。

第三，分配核算规则：明算账、真分钱。经营单元与平台如何分钱？经营单元内部合伙人如何分钱？"明算账"，就是公开、透明核算经营单元的收入、成本、利润；"真分钱"，就是按照合伙规则分钱，按照实际分配利润分钱。没有明算账、真分钱的利益关联，就不可能有单元合伙的事业关联。

第五章 单元合伙四大模式

分红模式：八大实操工具

分包模式：八大实操工具

分股模式：八大实操工具

分拆模式：八大实操工具

只有理论，没有实操工具是空谈；只有工具，没有理论体系是套路。

有创新理论，有实操工具，才是解决问题的方法论。

讨论了单元合伙的理论体系，单元合伙四大模式如何实操应用？

32个实操工具，使单元合伙实操应用更简单、更接地气。

分红模式，XD 商贸三年利润增长 200%

老殷是上海人，大学毕业后顺利进入一家主营日化品的世界 500 强外资企业工作。经过多年的努力，老殷晋升为北方区销售总监。2006 年，在朋友老李的支持下，老殷离职在东北创办了 XD 商贸，主营奢侈品代理业务，代理品牌包括 SWAROVSKI、ALEXANDRE、UGG、GUCCI 等七大品牌，经过近 10 年的发展，XD 商贸逐渐成长为东北地区轻奢品商贸代理的头部公司之一。与此同时，创始人老殷发现 XD 商贸开始出现利润停滞，暴露的问题越来越多。

公司库存产品规模越来越大。轻奢品换季比较明显，门店员工按照"基本工资＋销售提成"的方式结算薪酬，销售提成按销售额的一定比例核算。销售员觉得什么好卖就卖什么，他们并不关心越积越多的库存问题。

员工打工心态越来越明显。公司成了一个大染缸，新来的人本来激情四射，斗志昂扬，但是经过一段时间的熏染，也是斗志锐减。

2016 年，老殷通过朋友介绍，认识了我们咨询团队并开始了单元合伙的改制。经过和 XD 团队沟通，并结合 XD 商贸企业特性，选择按照产品划分经营单元，并设计了"PU-BU-SU"的组织架构模式。

XD 商贸所代理的产品，是通过在商场的门店进行销售的店中店模式。BU 合伙人为品牌经理，也是 BU 单元经营者；以每个品牌所辖门店为 SU，门店店长为 SU 合伙人，门店销售员为 SU 成员。优化后的 XD 商贸组织架构（PU-BU-SU）如图 5-1 所示。

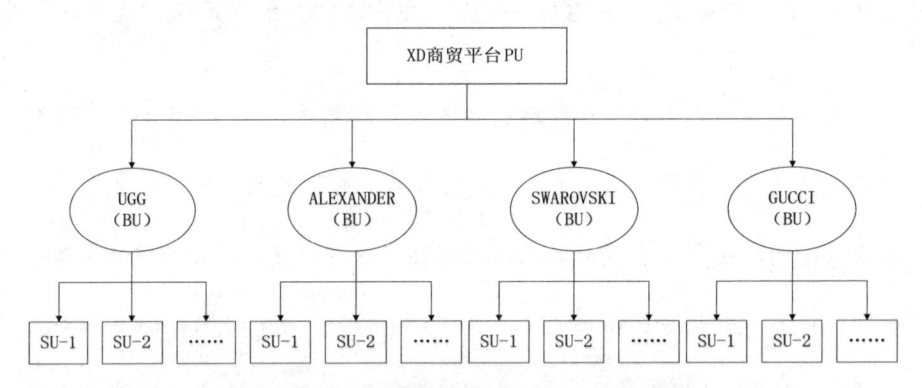

图 5-1　XD 商贸的 PU-BU-SU 组织架构

如何制定经营单元的利润分配指标？制定经营单元的利润基数，要参考过去 3 年的经营数据。

例如，UGG 产品 2013 年至 2015 年的经营数据如表 5-1 所示。

表 5-1　2013 年至 2015 年的经营数据

年份	2013	2014	2015
销售总额（万元）	1000	1250	1500
利润金额（万元）	190	205	215
销售利润率（%）	19.00	16.40	14.33

2016 年至 2018 年利润分配指标如何制定？为进一步实现让员工为自己干，鼓励赚到钱，XD 商贸决定 UGG 产品单元按照过去 3 年历史平均值，确定利润基数为 200 万元，并且 3 年内的利润基数固定在 200 万元；但是 3 年内销售指标要求增长 15%、25%、50%。UGG（BU）2016 年至 2018 年经营指标如表 5-2 所示。

表 5-2　2016 年至 2018 年经营指标

年份	2016	2017	2018
销售指标（万元）	1725	1875	2250
利润基数（万元）	200	200	200

实施 3 年后，UGG 产品单元的实际利润为：2016 年完成 280 万元；2017 年完成 616 万元；2018 年完成 806 万元。

一、分红模式：八大实操工具

1. 定应用场景

什么时候适合用单元经营的分红模式？当有人需要对投资收益负责时，谁是对经营利润负责的经营者，谁就可以享受经营分红，这就是分红模式的应用场景。

（1）分红模式应用于业务单元。分红模式主要应用于业务单元，因为业务单元大部分是分公司、门店、项目部等投资主体。假定投资 400 万元建立一个美容院，包括老板在内的投资者一般都希望三年内收回 400 万元的投资本金，同时要求每年有至少 30% 的投资收益，就是每年 120 万元，三年投资收益 360 万元，否则投资者没有兴趣投资。问题是谁对投资回报负责？老板吗？老板管理两个店就开始搞不定了，但门店超过3家，就要求店长不再是执行指令的管理者，而是对经营利润负责、对投资回报负责的经营者。只有经营者享有单元经营的利润分红，单元经营者才能对单元投资负责，投资者的投资回报才有可能实现。

（2）分红模式应用于超级单元。部分超级单元也可能是一个投资主体，也需要通过分红模式让超级单元经营者对投资收益负责。例如，XD商贸按照代理产品线划分了四大业务单元，每个产品线又建立了10个左右的门店，这些门店建立在商业中心的店中店，每个门店3—5名员工，每个店的装修费及商品投资100万元左右。XD商贸的产品线业务单元应用分红模式，产品线所属的门店也可以应用分红模式。

（3）分红模式应用于平台系统。平台系统谁对投资者负责？如果是老板，老板既是投资者，也是经营者。如果老板想轻松只做投资者，聘请总经理等经营团队负责经营。通过分红模式，总经理和经营团队只有积极创造更多利润，才能享有更多经营利润的分红，实现投资者和经营者的共赢。

（4）分红模式让老板更轻松。企业传统的组织形态是"绿皮内燃机车"，要想火车跑得快，全靠车头带。老板是公司最大的"打工仔"，是全公司最累的人。单元合伙改革要将企业组织形态改变为"高铁动车组"。"高铁动车组"每个车厢自驱动，司机只是把控方向。分红模式，让每个单元经营者自驱动，通过授权机制，让经营者不需要事事请示，让老板摆脱日常琐事的困扰，无须为琐事受累，轻松回归正道。老板多抬头望天，思考企业未来怎么走，多去连接资源、连接牛人，才是老板应该走的正道。XD商贸通过分红模式，创始人老殷从烦琐的事项中解放出来，变得更轻松，能有更多时间去思考XD商贸的业务转型。最后实现了XD商贸由传统的商贸代理升级为高端女性社群，将商贸代理积累的女性用户群体进一步资源变现。

2. 定经营单元

经营单元是业务单元BU和超级单元SU的统称。一般情况下，BU是独立纳税主体以分红为主，SU是运营实操主体以分包为主。实施单元合伙的分红模式，定经营单元时可以通过行业共性、企业特性和单元个性来系统考虑。

（1）连锁企业以分店为BU分红：分店BU的主体是连锁门店，门店可以注册为子公司、分公司、有限合伙企业、个体户等法律主体。小型门店可以是超级单元SU，可以分红，也可以分包。

（2）工程技术企业以分公司为BU分红：由于涉及工程资质，分公司BU的主体是分公司，具备法律主体资格和纳税资格。

（3）生产企业以分厂为BU分红：分厂BU的主体是独立工厂或者分厂，独立工厂是具备生产及安全许可证的法律主体，分厂是内部划分的组织。分厂内部再划分为生产小组SU，小型分厂可以是SU，SU以分包为主。

（4）商贸企业以事业部为BU分红：事业部BU属于企业内部的经营组织，事业部内部可以再划分为超级单元SU。

（5）跨区域或多元化的企业以子公司为 BU 分红：子公司 BU 的主体是独立子公司，具备独立法人资格、独立纳税资格。

3. 定经营职权

XD 商贸导入单元经营后，原品牌经理成为产品 BU 单元合伙人，由传统的管理者变为经营者。

经营者的职权包括职责和权限：

（1）经营者的职责：开源节流，增加收入、降低成本，增加利润；

（2）经营者的权限：决定赚钱的事，决定赚钱的人。

决定经营者的权限就如同政府简政放权给企业，企业内部的简政放权是企业老板将经营管理权下放给单元经营者，让单元经营者发挥主观能动性、自我调节机制，自行决定单元赚钱的事和赚钱的人。简政放权也不是放任不管，全部让经营者自行决定，而是说平台和单元各自定位自己角色，各司其职，平台作好赋能、制定好统一适用的基本规章制度，为单元做好后勤保障工作，让单元在市场前方心无杂念地"打仗"。

决定赚钱的事。赚钱的事包括收入怎么来，成本怎么去控制。收入来源于"内外兼收"，服务好外部客户，善待内部客户。

决定赚钱的人。单元经营者的人事权包括：决定经营单元的人员规模；决定经营单元招聘计划、经营单元培训计划和考核计划，并有权决定员工的薪资和任用、解聘等权限。

4. 定经营指标

经营指标包括销售指标和利润指标。实施分红模式时，需设定经营单元的经营指标。只有设定经营指标，单元经营者和经营团队才能享有经营分红资格。

第一，新设单元的经营指标。新设单元是指新成立的经营单元，如装修完毕准备开业的连锁口腔诊所、美容店、餐饮店，或者区域分公司、产品分公司等。新设经营单元定经营指标，要分析以下数据。

①经营单元的投资回本和投资收益总和，即投资回报总额是多少？

②完成投资回报总额时，每年平均要完成的利润是多少？这个利润基数就是单元分红的利润指标分配基数，分配多少由企业决定。

③完成每年利润，需要多少销售额？这个销售额就是每年销售指标的增长基数，增长率是多少由企业实际决定。

第二，存续单元经营指标。存续单元是指单元投资人已经收回投资本金和投资收益后继续经营的单元。XD商贸UGG（BU）属于存续单元。存续单元参考历史业绩制定经营指标。

5. 定分配指标

定分配指标解决单元投资人与单元合伙人如何分配单元利润。分配指标包括总额分配和超额分配。

第一，总额分配。完成销售指标且实际利润不低于利润基数的，提取实际利润总额的一定比例作为经营分红奖励给单元合伙人和经营团队。总额分配的比例一般为10%—20%。

XD商贸的M品牌作为BU单元2019年导入分红模式，分配指标确定为总额分配。2019年销售额目标为含税销售额600万元，利润不低于55万元。销售额和利润均达标时，提取实际利润总额的10%作为经营分红奖励给单元合伙人和经营团队。2019年实际完成销售额700万元，实际完成利润100万元，符合经营分红条件。因此，2019年品牌负责人、优秀的门店店长有权参与上述经营分红，奖励金额共计10万元。

第二，超额分配。完成销售指标且实际利润不低于利润基数的，实际利润扣除利润基数后的金额作为超额利润，提取超额利润的一定比例作为经营分红奖励给单元合伙人和经营团队。超额分配的比例一般为50%以上。

XD商贸按照超额分配定分配指标。UGG（BU）2016年至2018年每年完成销售目标后，实际完成的利润扣减利润基数后的超额部分，50%归属单元合伙人和经营团队分配。2016年实现净利润280万元，2017年实现616万元，2018年实现800万元。UGG（BU）单元合伙人和经营团队2016年获得经营分红奖励40万元，2017年获得经营分红奖励208万元，2018年获得经营分红奖励300万元。

6. 定单元分配

单元经营不是普惠制的"大锅饭"，只能是少数核心员工的专属品。经典精英理论创始人帕累托曾提出，意大利80%的财富为20%的人所拥有，并且这种经济趋势十分普遍。这个原理经过多年的演化，已变成当今所熟知的"80/20原理"。对企业而言，20%的员工往往创造了80%的价值，因此，经营分红只能奖励创造80%业绩的20%的员工。

（1）分红模式的参与对象。主要包括BU经营者和经营团队，即BU单元CEO和BU单元的骨干、部分优秀的SU单元CEO。例如，TYZ餐饮公司，参与门店经营分红为门店"三驾马车"，包括店长（BU单元CEO）、厨师长（后厨SU单元CEO）、前厅经理（前厅SU单元CEO）。XD商贸UGG单元参与经营分红的对象为品牌经理（BU单元CEO）、BU单元旗下的业绩优秀的门店店长（SU单元CEO）。

（2）普通员工不适合参与分红。单元内优秀的非合伙人基层员工，如何奖励？部分优秀的基层员工，直接以固定金额奖金包的形式发放奖励，没必要参与经营分红。经营分红包括单元收入核算和单元支出核算。单元收入核算涉及"内外兼收"，既包括来源于服务外部客户完成的收入，也包括交付内部服务获得的收入。单元支出包括单元上交平台的管理费、折旧和摊销、采购成本、人员薪酬、水电费、税费等。从经营角度考虑，普通员工很难也没有必要知悉单元的具体财务数据。在不知道单元财务数据的情况下，发放给普通员工的分红金额，普通员工肯定会有所质疑和不信任。因此，针对普通员工实施经营分红，不但起不到激励作用，反而容易造成单元"内卷化"。

永辉超市门店合伙人计划属于普惠制的"大锅饭"，在永辉超市可能具有一定的合理性和实用性，但不太建议很多民营非上市公司生搬硬套。

因为永辉超市作为上市公司，财务比较规范和透明，大多数民营非上市公司很难做到财务透明。另外，全员参与分配的"大锅饭"并不可取，难以起到激励经营者和经营团队的作用。

（3）**经营单元内部分配比例**。单元内部分配包括经营者（单元CEO）分配比例、经营团队分配比例、预留分配比例。经营者分配金额奖励给BU单元合伙人；经营团队分配金额奖励给BU单元的骨干和部分优秀的SU单元合伙人；预留分配金额作为单元发展的储备金，或者作为奖金发放给优秀的基层员工。如果发放给优秀的基层员工，那么实际操作时并不是表述为单元利润的一定比例，而是固定的奖金包。

（4）**单元内部分配好比切蛋糕**。单元内部分配往往会面临谁来"切蛋糕"的问题。利益分配是一件大事，虽然我们强调单元合伙人的自主权，但也是有限度的自主权。如果将分配权下放至单元自己决定，会造成如下不良后果：

①会造成"千人千面"，不利于平台统一协调化；

②如果单元内部因利益分配发生矛盾，会引起人员动荡，不利于企业整体发展。

因此，建议由平台来"切蛋糕"。

平台可以提前以制度文件的形式将经营者分配比例、经营团队分配比例、预留分配比例固定为40%∶50%∶10%。单元按照平台制定的分配比例进行分配。由于每家企业行业不同、规模不同、薪酬不同、利润不同，因此，建议每家企业依经营实际制定适合本企业的分配比例。例如，TYZ

餐饮公司，门店经营分红分配比例：店长分配50%，两个SU合伙人各分配20%，预留10%以奖金形式奖励给基层优秀员工。例如，10万元的经营分红，店长可分配5万元，两个SU合伙人各分配2万元，剩余1万元作为门店奖金奖励给5名优秀基层员工。

7. 定个人分配

在上述定单元分配时，经营单元CEO可以确定分配比例。经营团队超过两人时，如何分配到每个人？有三种方式，确定个人在经营团队总额的分配额度。

（1）**按职级分配**。大部分经营分红都是按照职级分配的，根据不同职级设定不同的分配权重，如经理分配系数1.5、主管分配系数1.2、专员分配系数1.0。其缺点是岗位、职级的身份标签带来的"大锅饭"问题。

（2）**按收入分配**。XD商贸UGG单元内部，业绩优秀前5名门店店长（SU合伙人）可分配经营分红总额的40%，按各自负责门店的销售额占比权重参与经营分红。5名店长销售占比分别为25%、18%、22%、17%、18%，因此，5名店长分配经营分红占比分别为10%、7.2%、8.8%、6.8%、7.2%，总额是40%。

（3）**按PPS值分配**。PPS全称为Personal Profit Surplus，即个人价值盈余。PPS=PV-PC。PV指个人创造的价值，PC指个人的成本，通常为基本工资的1.5—2倍。PPS系伯格联合原创，PPS核算的具体内容会在第六章详细介绍。

8. 定延期支付

延期支付是指公司对员工的奖金、福利并不是一次性支付，而是分期支付。在分期支付期限内，员工因过错被辞退、开除或主动离职的，未支付的奖金，公司有权不再支付。为什么要递延支付？可以从以下四个维度理解。

（1）**长期经营的需要**。企业经营的目的是长期稳定地持续经营。向员工一次性支付过高的奖金，会给公司现金流造成很大压力。通过递延支付，让公司细水长流，缓解一次性支付压力。另外，通过对优秀人员长期绑定，能让优秀员工打消拿钱走人的想法，持续为公司服务，创造更大价值。

（2）**平衡收入的需要**。心理学家米歇尔认为，一个人要学会为了更长远的价值而控制、调节自己的情绪，这种能力被称为延迟满足。企业通过递延支付，让员工收入增长较为平缓，不宜造成收入的大幅度波动。

（3）**购买股权的需要**。公司推行员工持股计划时，员工可以启用公司未支付的奖金认购公司股权或经营单元的股权，员工就会有钱投资。

（4）**风险保障的需要**。员工在延期支付期限内，主动离职或因过错被辞退、开除的，公司有权不再支付。另外，如果员工因过错造成公司损失的，或损害公司利益的，或公司向第三方赔偿的，公司有权要求员工对公司的损失进行赔偿，未兑付的奖金可以冲抵赔偿款。

分包模式，JY装饰年利润增长50%

JY装饰基本资料

JY装饰有限责任公司成立于2004年，以家装和软装业务为主。创始人老Y大学毕业后自主创业组建了JY装饰，之所以选择装饰行业，一是自己喜欢，二是装饰行业前景广阔，发展空间巨大。但随着经营深入，老Y越来越觉得装饰行业呈现"大行业、小企业"的典型特征，想发展壮大，难上加难。

第一，利润越来越薄。装饰行业由于进入壁垒不高，竞争对手越来越多，产品或服务同质化趋势越来越明显。从2016年开始，虽然老Y努力经营，但是业绩一直不温不火，且还有下滑趋势。伴随着人力成本逐年提升，企业经营更是捉襟见肘。老Y作为JY装饰的股东，经营这么多年，基本上没多少股东分红，作为总经理，一个月基本工资8000元，全年收入不超过20万元。

第二，招人难，管人更难。公司虽然在当地小有名气，但是招人也越来越难。即使员工招进来了，打工心态也很明显。有些员工像石碾子，推一下动一下，不推不动；有些员工上班偷懒、打游戏成为家常便饭；更有甚者，以拜访客户名义溜号打麻将。

第三，人员流失严重。"人才是公司第一要义"的道理老Y也明白，但不敢培养人才。因为培养完了他就跑了，公司白培养了。JY装饰曾经有一个员工能力不错，人品也可以，公司把他作为重点培养对象，老Y也是倾注了大量时间和精力，但这名员工不到1年就离职了。据说是有一家同行企业一个月涨了几千元工资把他挖走了。老Y面对这种情况一点办法都没有，只能自己哑巴吃黄连。

JY装饰单元合伙改制方案

2020年，老Y开始在JY装饰实施单元合伙改制，改制方案如下。

（1）调整组织架构：科层组织架构扁平化。

调整前的科层架构如图5-2所示。

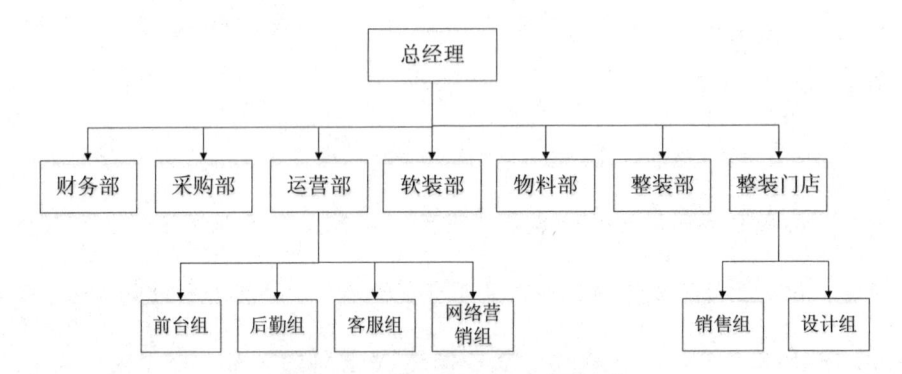

图5-2 调整前的科层组织架构

改革后的PU-BU-SU组织架构如图5-3所示。

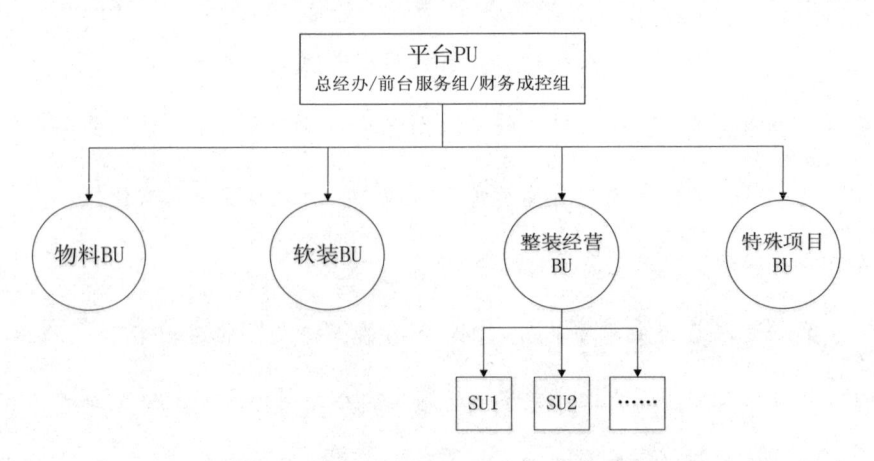

图5-3 改革后的PU-BU-SU组织架构

（2）单元划分。

公司划分为"PU-BU-SU"的组织架构。

总经办、财务成控组、客服后勤组、网络营销组、研发解码专家组、工程质控组、前台服务组划入平台PU，作为PU的组成部分。

根据业务性质，整装门店调整为整装门店BU，采购部前置为物料BU，软装部调整为软装BU，特殊项目部调整为特殊项目BU。

整装门店BU内部划分为6个经营SU，每小组3人制。1名设计师、1名客户经理、1名设计助理。

（3）平台赋能。

经营赋能。平台前台服务组、客服服务组、财务成控组等为经营单元提供经营赋能。

技术赋能。平台专家组为各经营单元提供技术支持，经营单元按照内部采购服务标准支付费用。创始人老Y也作为专家组成员参与技术赋能经营单元。

资源赋能。作为经营15年以上的老企业，品牌和服务口碑在当地市场认可度较高，老客户复购、老客户转介绍产生的订单数量也不少，还有一些新客户会奔着JY装饰的品牌和口碑前来。

资金赋能。项目营运所需资金由平台投资，经营单元合伙人目前不参与门店和项目投资。通过平台资金赋能，能保障项目持续进行。

（4）核算规则。

针对SU经营小组，BU与SU采取分包模式。每单业务按照毛利润分成。每单业务采取核定毛利润的方式，按订单销售额的20%核算毛利润，并确定BU和SU的分成规则：客户分类，不同类型的客户分成标准不同。如表5-3所示。

表5-3　客户类型与分成比例

客户类型	SU分成比例（%）	BU分成比例（%）
SU自带客户	55	45
上门客户	45	55
平台派单	35	65

每个组确定SU-CEO，CEO采取小组内部协商确定后报BU和PU备案。每个经营小组建立内部账户，独立核算。内部账户含"收入""支出""利润"。

(5) JY装饰的改革成效。

第一，公司整体业绩显著增长。2020年作为单元合伙改制的元年，相比于2019年销售额，增长30%以上，利润同比增长50%以上。

第二，员工自驱力增强。成为单元合伙人的员工，越来越具有主人翁意识，以前是到点下班，不耽搁一秒，现在是老板催着下班。单元合伙人开始全心投入营销客户、服务客户。月收入3万元甚至5万元的合伙人员工越来越多。

第三，创始人的心态转变。改制前，公司业绩不温不火，创始人曾萌生准备关停公司的想法。改制后，创始人的经营收益和投资收益总和相比以前增加4倍以上。创始人尝到了单元合伙改革的甜头，正在考虑整合同行谋求更大布局和发展。

二、分包模式：八大实操工具

1. 定应用场景

分包模式就是企业平台赋能经营单元内部创业，按照约定核算分配经营单元收入，单元创业者自负盈亏，承担经营单元的全部成本和费用。

什么时候适合用单元创业的分包模式？当有人想内部创业当老板，而公司也可以提供资源让员工零风险、零成本内部创业。成为内部创业者就是员工不要工资，员工和企业就不是雇佣关系，而是合伙关系。企业实现分包模式只有满足以下三个条件，员工才能内部创业当老板，不要工资主动干。

第一，有确定性收入。员工为什么选择打工？因为员工厌恶风险，都追求稳定的工作和追求确定性的收入。老板为什么选择创业？因为老板接受风险，追求充满挑战的工作，老板的收入是不确定性的，有的老板去年赚了 1000 万元，今年亏损 1000 万元。

实施分包模式，员工不要工资不等于没有收入，老板也有收入但收入不确定。员工的收入可不可以像老板的收入一样，7月赔了100万元，8月赚了200万元？员工可以接受风险、可以接受挑战性的工作，但是不会接受不确定性的收入。

分包模式要求的确定性是指员工内部创业成为单元合伙人以后，他的收入是可预测的、可增长的，处于一定浮动范围的。比如，如果单元合伙人未来的收入，相比较原来的工资收入，在 -80% 至 +300% 区间，这是一个员工可以接受的确定性；如果收入在 -20% 至 +100% 区间，员工觉得风险太大，收入不高，肯定不愿意接受分包模式。

第二，与奋斗者合伙。劳动者求稳定，追求固定薪酬；奋斗者有要求，追求高收入。华为员工分为劳动者和奋斗者，华为的企业文化"以奋斗者为本"。2010年伊始，华为公司掀起了一场轰轰烈烈的"奋斗者宣言"活动，只要是华为的员工，都被要求提交一份申请，"自愿"成为"奋斗者"。不提交者，则自动划入普通"劳动者"之列。二选一中，员工所要付出的代价有很大的不同："奋斗者"要承诺放弃带薪年假，非指令性加班费；而普通"劳动者"则可以享此福利，但他们在考核、晋升、股票分配等方面则可能会受到影响。

分包模式只适合奋斗者，不适合劳动者。只有奋斗者才具备内部创业者的基本素养：目标明确、意志坚定。公司员工中奋斗者大约占20%，劳动者占80%。奋斗者人数少，但是按照二八定律，20%的奋斗者却创造了80%的收入。如果奋斗者能成为内部创业者，企业组织的主动性、创造性就会大幅度提高,企业经营效率也会大幅提升。

第三,有钱赚的经营单元。内部创业者一定是奋斗者,但并不是所有的奋斗者就一定成为内部创业者。毕竟成为一名内部创业者以后,就没有了固定工资,有的奋斗者非常在乎固定工资收入,不一定选择内部创业。当然,实施分包模式以后,从一部分先富起来,到大部分内部创业者都能赚到钱,分包模式就会成为主流组织模式。例如,韩都衣舍的产品小组模式,经过多年实践,大部分都能赚钱,就产生了300个小组。是否有钱赚,是员工是否愿意参与单元合伙改制,分包模式能否落地实施的硬指标。

2. 定收益风险

能否实施单元合伙的分包模式,首先要评估分析分包模式带来的收益和风险对企业有哪些收益和风险,对员工有哪些收益和风险。

从企业角度分析

企业收益。降低内部成本,组织扩张无边界。实施分包模式,将薪金制员工改变为合伙制员工,可以降低企业固定费用、成本。另外,通过实施分包模式,实现了人才"不求所有,但求所用",将价值观认同、能力突出的外部人员连接为合伙人,实现企业组织无边界扩张。

企业风险。创业成本低,创业者依赖性较低。依赖性是员工是否愿意追随企业平台的基础,中小企业的雇佣制对员工没有依赖性;单元合伙的分包模式,让员工借助企业平台的资源内部创业,就是让内部创业者对企业平台产生依赖性。

企业平台好比城堡，内部创业者是城堡里的人。如果城堡不高、护城河不宽也不深，那么城堡里的人很容易出城，意味着单元合伙人对企业依赖性弱。离开平台创业门槛不高，搞内部创业的分包模式效果不一定好。企业只有"高筑墙，深挖河"，增强员工对企业平台的依赖性，才能降低优秀合伙人出去"自立门户"的风险。

从员工角度分析

（1）**员工收益**。零风险零成本，内部创业当老板。实施分包模式，让有创业想法的员工放弃离职创业的念头，平台提供资产、资源和资金，让员工直接零风险、零成本内部创业。

（2）**员工风险**。收入不稳定，没有固定工资保底。虽然倡导零风险零成本内部创业当老板，但也只是风险无限趋近于零，完全零风险的事情是不存在的。实施分包模式，对员工而言，改变了传统"旱涝保收"的局面，业绩好的时候，收入会比薪金制高；业绩不好的时候，收入可能会比薪金制低。对于合伙人员工而言，要对这种风险有识别能力和承受能力。

员工什么时候会选择分包模式？

实施单元合伙改革时，企业员工划分为"薪金制员工"和"合伙制员工"。合伙制员工就是前面所说的奋斗者，薪金制员工就是前面所说的劳动者。如图5-4所示。

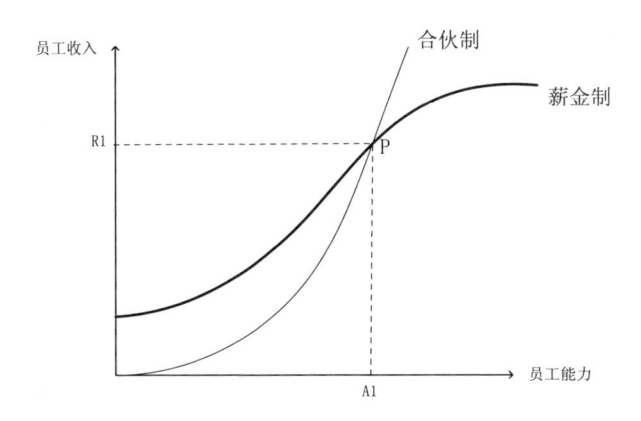

图 5-4 薪金制员工与合伙制员工对比

细曲线代表合伙制员工；粗曲线代表薪金制员工。横坐标表示"员工能力"；纵坐标表示"员工收入"。如图 5-4 所示，P 点（A1，R1）是交集点。

员工能力处于 A1（P）点以内，其收入低于 R1，则薪金制收入高于合伙制收入；

员工能力处于 A1（P）点，其收入为 R1，薪金制收入与合伙制收入相等；

员工能力处于 A1（P）点外，其收入高于 R1，薪金制收入低于合伙制收入。

能力越强的员工，作为奋斗者，愿意尝试单元合伙，赚得也越多；能力偏弱的员工，作为劳动者，对自己越没自信，越喜欢薪金制。许多企业推行单元合伙的实践经验表明：单元合伙人收入超过原薪金制收入的 50% 时，单元合伙人会打消疑虑，开始信任"单元合伙制"；单元合伙人收入超过原薪金制收入的 100% 时，单元合伙人对于实施单元合伙，没有任何问题；单元合伙人收入超过原薪金制收入的 200% 时，单元合伙人内心已认定"自己是老板了"。

3. 定平台赋能

单元合伙的分包模式，就是企业平台提供资产、资金、资源，员工零风险、零成本内部创业。没有平台赋能，就没有单元创业的分包模式。平台系统赋能经营单元包括资源赋能、经营赋能、组织赋能。在企业实践中，根据行业特性，经营单元合伙人对平台系统的赋能有不同的需求。

制造业以设备、厂房、原材料等资产赋能为主

制造业企业的核心资产为设备、厂房、原材料等资产。制造业企业通过投入资源（物料、能源、设备、工具、资金、技术、信息和人力等），按照市场要求，通过制造过程，转化为可供人们使用和利用的工具、工业品与生活消费产品。

山东ZH印花公司主营服装企业印花服务，公司将拥有的9台大型印花加工设备按照每3台划分为一个"分厂"，内部划分为3个"分厂"。每个"分厂"就是一个经营单元，每个"分厂"的分厂长作为经营单元合伙人。每个分厂按月向平台支付设备租赁费，分厂与平台独立核算，自负盈亏。

商贸行业以资金和产品代理权赋能为主

商贸代理企业通过上游获得产品，通过加价的方式销售给确定区域的下游客户。商贸代理企业有的从事B端业务，有的从事C端业务。

BEPS公司主营建筑材料的销售，旗下有30多个销售员。每个销售员作

为一个经营单元与企业平台独立核算、自负盈亏。每个经营单元作为企业平台的"代理商",企业平台按照区域划分产品代理权限。每个业务员不需要实际出资,企业平台为每个经营单元设定资金信用额度,在信用额度内,经营单元可以不支付资金占用利息,当某个经营单元因业务需要超过信用额度,企业同意继续增加信用额度时,超过的部分按照规定收取资金占用利息。

连锁门店以供应链和品牌赋能为主

连锁门店以供应链和品牌为主。在消费连锁领域,每个门店可以作为一个经营单元,由平台(管理公司)提供赋能。

华莱士在全国有1万多家门店,已经产生良好的客户效应和较高的品牌知名度;另外,华莱士门店的装修设计、食材的采购、收银系统等统一由平台负责,门店负责采购向平台付费。

HZ口腔医院连锁,每个"虚拟诊所"作为经营单元与平台独立核算。平台为每个"虚拟诊所"提供品牌、资质、场地和诊所系统的支持,另外,通过平台的集成化采购,可以有效降低耗材的采购成本。

技术服务行业以客源、品牌、技术赋能为主

技术服务企业以客源、品牌、技术赋能为主。常见的如很多大型律师事务所、会计师事务所、资产评估公司、设计公司等。

北京一家大型的资产评估公司将每个评估师划分为一个经营单元,平台主要提供如下赋能。

品牌。平台已经存续经营多年,已经形成良好的客户口碑和品牌效应。

客源。平台经过多年运营，已经有大量存量客户，平台可以将客户导流给经营单元。

技术。平台成立技术委员会，针对一些较为复杂的问题，经营单元可以购买平台技术委员会的服务。

4. 定超级单元

实施单元合伙的分包模式，合伙主体是超级单元 SU；分红模式，合伙主体是业务单元 BU。超级单元是企业平台的经营最前端，就是"最小化的可复制的细胞公司"，直接服务客户、营销客户。

超级单元有三个特点：

（1）最接近客户；

（2）最小利润组织；

（3）最可复制裂变。

如何划小经营单元，确定超级单元？

第一，定结构。PU-BU-SU 单元组织结构。HZ 口腔医院属于 PU-BU-SU 的组织架构，PU 为口腔医疗管理平台，BU 为口腔医院或门诊部，SU 为每个口腔医院内的"虚拟诊所"。"虚拟诊所"由 2 名医生（包括 1 名医生，1 名医生助理）、2 名护士组成。"虚拟诊所"按照分包模式与 BU 和平台结算。

"PU-SU"单元组织结构。海南 QGC 建筑检测公司属于"PU-SU"的组织架构，SU 超级单元包括前端业务组 A 类 SU 和后端技术组 B 类 SU。

前端业务 A 类 SU 负责业务开发,由销售、技术员各 1 人组成;后端 B 类 SU 负责材料、整体检测和白蚁防治服务。

第二,定职能。超级单元 SU 按照职能可以划分为销售职能 SU、生产职能 SU、技术职能 SU 和复合职能 SU。关于定超级单元职能部分,第四章已经详细介绍。

第三,定人员。定人员从以下三个方面理解:

① SU 人员构成。超级单元职能定义决定人员构成,功能越多,人员越多;功能越单一,人员越少,甚至是一个人。

② SU 人员数量。单元越小,为自己干的动力越强。人越多,越容易推卸责任。人数编制建议在 1—4 人。例如,韩都衣舍 3 人产品小组;HZ 口腔医院 4 人医疗小组;伯格联合 1 人产品代理人。

③ SU 劳资关系。超级单元的核心人物是 SU-CEO,其他人员由 SU-CEO 选聘。SU-CEO 是 SU 的创业者和经营者,对超级单元的经营和利润负责,原则上没有固定薪酬,根据超级单元实际利润获得相应报酬。

5. 定收入核算

SU 不是核算销售收入,而是核算经营收入

例如,表 5-4 是 HZ 口腔医院 7 月 SU-1 核算表,SU-1 是 A 诊所第一医疗小组。

表 5-4 HZ 口腔医院 7 月 SU-1 核算表   单位：万元

收入	外部销售收入	20
	减去：BU 业务单元分配收入 40%	20×40%=8
	加上：内部市场收入	2
	实际经营收入	14
成本/费用	减去：耗材成本	4
	减去：工资及劳动保险等	5
	减去：设备及办公租金	1.5
	减去：向平台和门诊部缴纳管理费	0.7
	减去：其他运营费用	0.5
利润	收入－成本	2.3

SU 销售收入。核算超级单元的销售收入，按照超级单元实际为客户提供产品和服务获得实际市场收入核算。超级单元的销售收入，还不是 SU 的实际经营收入。

SU 经营收入。超级单元的经营收入 =SU 销售收入－分配 BU 收入+内部交易收入。例如，HZ 口腔医院 SU-1 销售收入是 20 万元，减去分配给 BU 门诊部的收入是 8 万元，加上内部交易收入 2 万元，实际经营收入是 14 万元。

如何核算 SU 经营收入？

在 PU-BU-SU 的组织结构中，超级单元 SU 与 BU 如何分配？

第一种方式：按 SU 销售收入分配。例如，HZ 口腔医院第一医疗小组 SU-1，7 月销售收入 20 万元，按照当月完成的收入 60% 归该医疗小组，

40%归门诊部的制度，SU-1的实际经营收入是12万元。

第二种方式：按SU毛利润分配。例如，假定HZ口腔医院BU与SU的分配方式，是按照SU减去耗材成本的毛利润，50%归该医疗小组，50%归门诊部。7月，SU-1减去耗材的毛利润16万元，实际经营收入8万元。

第三种方式：按照SU净利润分配。例如，假定按照SU净利润80%属于BU门诊部的投资分红，20%属于SU医疗小组的经营分红。7月，SU-1的营业收入是22万元，减去耗材及其他费用支出11.7万元，当月净利润10.3万元。按照分配规则，SU-1获得2.06万元利润。

在PU-SU的组织结构中，超级单元SU与PU的分配方式参照上述操作。

6. 定成本核算

（1）**SU原材料、耗材、产品成本费用**。SU超级单元获得经营收入发生的原材料、耗材和产品成本费用。例如，HZ口腔医院SU-1产生了4万元手术耗材费用。

（2）**SU工资、劳动保险等人力费用**。SU超级单元内，全体人员的工资、劳动保险等人力费用支出。理论上，SU合伙人对超级单元负责，超级单元合伙人没有固定薪资。在单元合伙实践中，SU超级单元财务账户里计算全部工资费用，一方面是为了缴纳劳动保险，另一方面也是核算成本的需要。

（3）SU 办公费、差旅、广告等运营费用。SU 超级单元发生的办公费、差旅费、广告费、培训费等运营费用。

（4）SU 设备租金、办公租金分摊、资金利息。SU 超级单元向 BU 或者 PU 租赁设备付租金、借款付利息、使用办公室要分摊办公租金等。例如，HZ 口腔医院 SU-1 产生了 1.5 万元租赁费用。

（5）SU 管理费、品牌使用费。平台赋能经营单元，经营单元必须向平台缴纳管理费。按照 SU 的实际经营收入，SU 超级单元向 PU 平台系统和 BU 业务单元缴纳管理、品牌使用费。

7. 定利润分配

（1）SU 利润核算。SU 超级单元的利润核算，计算公式为：经营利润 = 经营收入 - 成本。

（2）SU 内部分配核算。SU 超级单元内部人员怎么分配？单元利润的内部个人分配有三种方式：按职位分配、按收入分配、按 PPS 值分配。由于超级单元人数少，以职位分配为主可以减少分配核算成本。PPS 值分配的详细方法，将在第六章详细介绍。

8. 定法律关系

分包模式将公司与员工的分配关系由雇佣制改变为合伙制。在企业实践中，为保持公司运营稳定，仍应当维持单元合伙人全职工作不变、法律关系不变、制度执行不变。

（1）**全职工作不变**。实施了分包模式，并不代表单元合伙人不受企业平台的工作时间约束，想上班就上班，想休息就休息。单元合伙人和其他员工一样，全职工作关系不变。实际操作时，对单元合伙人可以制定一些特别政策，例如，单元合伙人一个月有两天时间在家办公。

（2）**法律关系不变**。实施分包模式的员工，虽然称呼为单元合伙人、单元 CEO，但是在法律关系上仍属于公司员工，仍维持和公司的劳动合同关系。从分配关系而言，在遵循劳动合同的基础上，公司与实施分包模式的单元合伙人另行签署补充协议，约定按照分包模式核算。

少数单元合伙人愿意主动解除劳动合同关系的，也可以解除劳动合同关系，由合伙制员工注册个体工商户、个人独资企业与平台公司签署合作协议。

（3）**制度执行不变**。平台赋能包括组织赋能，涉及使命、愿景、价值观和组织纪律。作为一个企业组织，平台和单元仍属于企业组织的组成部分。作为单元合伙人，仍应当遵守企业制定的统一规章制度，如客户开发与维护制度、费用核销制度、作息制度等。无规矩不成方圆，制度执行是硬要求，不能因为由薪金制员工转变为单元合伙人而享有豁免权。

分股模式，喜家德轻松开出600家店

喜家德水饺从2002年创立以来，历经无数波折，甚至从2003年到2008年足足赔了500万元才把品牌坚持下去，如今已在全国50多座城市开出600多家门店，员工8000余人，其自创的"358"模式也成了无数餐饮连锁品牌争相学习的开店秘籍。创始人高福德曾说："未来的企业将会由雇佣制向合伙制转变。企业提供的是一个平台，每个人都可以依靠平台提供的资源，拥有当老板的机会。""358"模式的核心在于将员工利益与企业利益紧紧捆绑在一起，让每一位员工都能成为创业者。

3就是3%，即所有店长考核成绩排名靠前的，可以获得3%干股收益，这部分不用投资，是完完全全的分红。

5就是5%，如果店长培养出新店长，且新店长符合考评标准，就有机会接新店，成为小区经理，可以在新店入股5%。

8就是8%，如果一名店长培养出了5名店长，成为区域经理，并符合考评标准，再开新店，可以在新店投资入股8%。

如果店长成为片区经理，可以独立负责选址经营，此时就可以获得新店投资入股20%的权利。这种方式极大地调动了店长培养人的积极性。并且店长与新店长之间，利益相关，沟通成本极低。

依托"358"模式，喜家德优秀店长经理的流失率不到5%，区域负责人更是全年零流失，而普通餐饮企业流失率高达30%—50%。

三、分股模式：八大实操工具

1. 定应用场景

分股模式就是员工出资购买经营单元出资份额（下称"股权"），承担风险，享有投资分红。员工愿意掏钱买出资份额，分股模式可以实施；员工不愿意掏钱买出资份额，则分股模式无法实施。员工什么时候愿意掏钱购买经营单元股权？主要有三方面因素：小资金、高回报、低风险。

第一，小资金。 从实际操作经验而言，每个单元的投资规模不宜太大，能控制在100万元以内最好。单元投资金额过大，一方面员工投资金额受限，无法参与；另一方面回本周期会偏长，实施效果不一定太好。如海底捞一家门店投资规模为500万元到1000万元，采取单元投资可能较为困难。

第二，高回报。 员工是否愿意投资取决于项目能否盈利并获得较高回报。不能盈利或难以盈利的单元，难以吸引员工投资。员工愿意参与投资肯定是希望赚钱，只有当预测能赚钱时，才愿意参与对经营单元的投资。如果预测不赚钱，肯定放弃对经营单元的投资。

实施分股模式时，往往有既成的盈利店、盈利项目，让员工参与投资后，获得了赚钱效应。

第三，低风险。 在投资规律上，高收益一定有高风险，低风险肯定是低收益。员工一方面想获得高投资高回报，另一方面厌恶投资风险。员工担心的投资风险是什么？担心投资本金的亏损。因为大部分员工没有做过投资，第一次投资经营单元股份，会非常担心投资本金的亏损。如果员工因为担心本金亏损而不愿意掏钱，分股模式肯定无法实施。

如何降低员工的投资风险，让投资本金没有亏损？企业平台和员工签订投资协议约定：在员工投资经营单元的第一年，企业平台对员工投资本金"兜底"。也就是说，如果第一年，员工投资本金亏损，企业平台给予保本补贴。第二年，由员工决定是否继续投资，但投资风险与企业共担。

2. 定投资风险

（1）**单元投资者风险。** 分股模式的投资者不仅有企业内部员工，还有专业投资人、合作机构、消费客户等。实施分股模式，单元投资者可以获得投资收益，增加收入；同时，单元投资者也要面对投资风险，没有百分之百稳赚不赔的项目。因此，单元投资者进行投资前要透彻地了解自身，清楚自身的财务状况和自身的知识结构、自身风险承受能力。实施单元投资时，需要合理预测可能发生的投资风险，并确保自身能够承受。

（2）**企业平台风险**。对企业平台，分股模式让员工拿出了人民币，建立了员工与企业共担、共享机制；让消费客户投资，不仅实现了融资，还实现了客户推荐客户的营销裂变。但是，企业平台一定要面对投资分红压力，平台需要进行合理的财务测算和推演，处理好经营单元的分红压力。

如果经营单元没有投资分红，投资人肯定不愿意掏钱；

如果分红太低，对投资人没有吸引力，投资人会要求退股；

如果投资分红不能持续，投资人也会要求退出；

如果经营单元第一年亏损，那么企业平台还要给员工"兜底"；

如果经营单元亏损面很大，造成企业平台亏损，还能撑多久？

3. 定投资主体

实施单元投资前要确定投资主体，也称投资标的。分股模式下的投资主体不是法律意义上独立承担责任的公司，单元投资获得的只是出资份额，并不是严格意义上的公司股权，分股模式的投资主体有以下五大类。

（1）**个体工商户**。个体工商户是指有经营能力的公民，依法经工商行政管理部门登记，从事工商业经营。个体工商户可以个人经营，也可以家庭经营。

个体工商户的债务，个人经营的，以个人财产承担；家庭经营的，以家庭财产承担；无法区分的，以家庭财产承担。常见的个体户如"工作室""商行""经营部"。

（2）**个人独资企业**。个人独资企业是指依照本法在中国境内设立，由一个自然人投资，财产为投资人个人所有，投资人以其个人财产对企业债务承担无限责任的经营实体。常见的个人独资企业如"中心""事务所""工作室"。个人独资企业与个体工商户都不需要缴纳企业所得税，但应当按照规定缴纳增值税、附加税和个人所得税。

（3）项目组。企业内部独立核算的项目组，作为经营单元，适用分股模式。投资项目组主要是签署投资协议，并将投资款缴存至公司的基本存款账户或设立的一般账户，专款专用。项目组不是独立的法律主体，不注册营业执照。项目组可以通过企业平台的基本账户或新设一般账户来收支款项。

（4）合伙企业。合伙企业是指自然人、法人和其他组织依照本法在中国境内设立的普通合伙企业和有限合伙企业。普通合伙企业由普通合伙人组成，合伙人对合伙企业债务承担无限连带责任。有限合伙企业由普通合伙人和有限合伙人组成，普通合伙人对合伙企业债务承担无限连带责任，有限合伙人以其认缴的出资额为限对合伙企业债务承担责任。选择合伙企业形式的经营单元，通常注册为有限合伙企业，企业平台或者企业平台设立的子公司作为有限合伙企业的普通合伙人，通过少量出资而实现控制经营单元的目的。

（5）分公司。总公司可以设立分公司。分公司分为领取营业执照的分公司和不领取营业执照的分公司。分公司在税法上可以独立核算纳税，也可以非独立核算纳税。分公司不能独立对外承担责任，由总公司"兜底"。常见分公司形式设立的经营体如"有限公司分厂""有限公司分公司"。以分公司名义设立经营单元，实践中主要是分公司业务经营需要使用总公司的资质。

4. 定投资股东

谁适合参与经营单元的投资？单元投资者如何分类管理？单元投资者主要有三类：经营合伙人、资本合伙人、资源合伙人。

经营合伙人，要全职

经营单元必须要有经营合伙人，只有经营合伙人在经营单元全职工作，才能对经营单元的投资者负责、对经营利润负责。经营合伙人也可以向经营单元投资资金，持有经营单元"股权"，与企业平台共担风险，获得投资分红。

经营合伙人不仅有经营分红，还有投资分红。经营合伙人完成既定的经营目标，会享有相应的经营分红。在前面的分红模式中，已经详细介绍了单元的经营者如何获得经营分红。在分股模式下，经营合伙人除了享有经营分红，还享有投资分红。

资本合伙人，要溢价

资本合伙人只投资获得分红，不是经营单元的经营者。而经营合伙人既投资时间经营，又投资资金，所以资本合伙人必须溢价投资，购买经营单元股权。

溢价投资，是指资本合伙人以高于经营合伙人的认购价格，购买经营单元股权。在经营单元投入期，可以按照经营合伙人认购单价的 3—5 倍吸纳资本合伙人；在经营单元盈利期，可按照年利润的 5—10 倍的市盈率确定经营单元的估值吸纳资本合伙人投资。资本合伙人主要有以下三类人群：

专业投资人。经营单元的盈利状况不错，部分专业投资人基于获得稳定投资回报率的考量，投资经营单元。

朋友圈。上游合作伙伴、下游代理商等合作机构、朋友圈，在收益可预期、风险可控的情况下，作为资本合伙人投资经营单元。

粉丝客户。一部分粉丝客户因为了解产品，具备判断经营单元的盈利能力，要求参与投资经营单元。

资源合伙人，要量化

资源合伙人是指能够为经营单元贡献资源的人。所谓资源，通常包括社会资源、流量资源和技术资源。资源合伙人必须量化投入资源。资源量化是指技术标准化、流量数据化、关系货币化。例如，流量数据化，要求资源合伙人每年给经营单元提供 1000 个有效的用户数，达到这个量化标准，资源合伙人可以获得 10% 的股权。

资源合伙人需要出资吗？资源合伙人也要出资购买经营单元的股权，但出资价格可以参照经营合伙人的出资价格。如果资源合伙人不出资只给干股，资源合伙人可能不会用心。

由于资源合伙人是参照经营合伙人的较低价格，有必要设定资源量化的"对赌机制"。达成约定的资源量化标准的,所持"股权"可以全部兑现;未达到量化标准的,可以根据资源量化的"对赌机制"减少资源合伙人的股权比例。

以员工投资为主要对象,实现利益共享+风险共担

单元投资者以内部员工为主,员工投资获得高回报的投资分红,实现员工和企业利益共享、风险共担。例如,CY餐饮公司主营坛宗剁椒鱼头,每家新门店投资规模200万元。新设门店的投资主体包括平台、平台职能部门骨干、经营单元合伙人和经营团队。平台认购51个投资标的,占比51%;平台职能部门骨干包括总经理、总监、产品经理等多人共认购24个投资标的,占比24%;经营单元合伙人和经营团队共认购25个投资标的,占比25%。

以外部投资为主要对象,实现资源共享+做大做强

单元投资以外部投资者为主,吸引外部资本合伙人、资源合伙人参与投资,获得投资分红,实现平台与投资者资源共享,让企业做大做强的结果。例如,百果园不花钱,开了5000个门店,是谁参与投资的?找区域加盟商负责店面开发、找区域管理者负责店面培训和标准化、找店长负责单店经营赚钱。三者都是门店投资者,因共同的利益实现了资源共享,快速发展增长。

分股模式,让百果园等企业平台不参与投资,经营单元的资金、资源、人才全部社会化合伙,平台逐步打造成供应链平台,形成互联网时代

"S2B2C" 的增长模式。

5. 定控股关系

单元合伙的分股模式，平台对经营单元的投资是控股好，还是参股好？平台系统如何保持对经营单元的控制权？

（1）**平台控股单元**。平台投资经营单元要么控股 51% 以上，要么 100% 全资控股。

例如，以 RS 健身门店为例，一家门店投资规模为 30 万元，由平台出资 18 万元占 60%、门店店长出资 6 万元占 20%、4 位教练每人出资 1.5 万元分别占 5%，共计占 20%。

海底捞都是直营门店，门店均由平台 100% 投资控股，企业平台通过门店盈利获得投资回报。包括海底捞、周黑鸭、奈雪的茶等都是单元控股模式。优点是掌控力强，缺点是资金投入大、投资风险大。

（2）**平台参股单元**。平台投资经营单元股份比例小于 50%，当经营单元合伙人的投资比例高于平台的投资比例时，单元合伙人成了经营单元的主导者，会激发单元合伙人为自己干、主动干的原动力。

（3）**平台不投资单元**。平台不投资经营单元，经营单元的投资资金要么是以员工投资为主，要么是以社会化合作伙伴为主。例如，百果园的单店以员工投资为主，单店的投资结构为"店长 80%、片区管理者 17%、大区加盟商 3%"；名创优品的 5000 个门店以投资伙伴 100% 控股为主。

（4）**控制权比控股权重要**。平台对经营单元是否控股，取决于企业的盈利模式、经营计划、上市计划等因素。要获得对经营单元的控制权，不一定对经营单元控股。平台对经营单元的控制权比控股权重要。在参股或不投资经营单元的前提下，有三种方式可获得经营单元的控制权。

第一种方式：获得经营单元的实际经营权。例如，名创优品的每个门店所有权属于投资伙伴，投资伙伴每天按照门店销售收入的38%获得收益权。但是投资伙伴将门店经营权委托给了名创优品，并由名创优品授权门店店长经营。名创优品不投资门店，通过获得门店经营权方式，保持了对经营单元的控制权。

第二种方式：获得经营单元的采购权和收银权。百果园的门店采购全部来自平台配送体系，并且每个门店当天的收银全部统一管理。虽然百果园没有投资门店，但与5000个门店一样拥有控制权。

第三种方式：获得经营单元的法律所有权。某米粉连锁的每个店面都是由公司指定的代表注册成立个体户门店，但90%以上的投资资金来自内部员工和外部客户的共同投资，在门店投资协议里，他们只是投资人身份，公司指定的代表是门店营业执照的负责人，拥有门店法律上的所有权。企业平台虽然投资比例少，但依然拥有法律上的所有权。

6.定投资价格

单元合伙人投资经营单元，如何定投资价格？是原始价格，还是要溢价？结论是按时间定价原则，也就是按照单元合伙人投资经营单元的时间来约定投资价格。通过一个案例理解分股模式下按时间定价的思维逻辑。

M连锁餐饮的第35家门店设立时的投资额是100万元，划分为100万股，每个投资标的原始价格是1元。店长和大厨愿意入股，按照原始价格投资。由于投资的时间不同，经营单元相应的估值不同，因此，不同时间段的投资价格存在差异。在门店盈利状况越来越好的情况下，出资的单价越来越高。

（1）**门店初创期，投资价格：1元/股**。店长和大厨A认购1个投资标的的原始价格即为1元。如果店长认购30万个投资标的，投资款为30万元；大厨A认购10万个投资标的，投资款为10万元。

（2）**经营6个月，投资价格：1.5元/股**。门店生意步入正轨，营业收入蒸蒸日上。大厨B由早期的怀疑变得相信，决定投资门店。打算认购新增的10万股，每股价格上涨为1.5元，大厨B认购10万股的投资额为15万元，门店的总股本也增加为110万股。

（3）**经营12个月，投资价格：2元/股**。门店生意越来越好，前厅经理C决定入股门店并认购新增的10万股，前厅经理C认购10万股，每股投资价格为2元，投入资金为20万元，门店的总股本增加为120万股。

（4）**经营24个月，投资价格：3元/股**。前厅三个组长发现店长、大厨投资门店获得可观的投资分红，也决定加入门店的投资计划。他们每人认购10万股，新增30万股本，每股价格为3元，总投资总额为90万元，门店的总股本增加为150万股。

7. 定投资方式

资本合伙人投资经营单元，平台用什么方式接受投资？是实股投资，还是收益权融资方式、优先股融资方式、众筹式投资等？

（1）**实股投资**。资本合伙人按实际投入资金，按照合理的价格投资经营单元。价格可能是原始出资价格，也可能是溢价的价格。现实中大部分投资人不愿意选择实股投资模式，原因很简单，投资收益具有不确定性。

（2）**收益权融资**。平台将所占经营单元的未来收益权转让给投资人，投资人将认购款项支付给平台。收益权出让完成后，投资人将持有经营单元约定期限、约定比例的收益权。收益权融资时，可以设定最低保底收益。最低保底收益是指由于投资人不参与经营单元的具体经营事务，为打消投资人认购收益权后的顾虑，由平台担保，在转让收益权时让投资人获得最低保底收益。

（3）**优先股融资**。优先"股"包括两个方面：优先分红权和优先收回投资权。优先分红权是指某个经营单元投资人相比经营单元其他投资人在分红上享有优先权；优先收回投资权是指经营单元解散清算时，享有优先收回投资权的投资人比其他投资人能优先收回投资。

例如，一个经营单元税后利润100万元，20万元作为经营分红、30万元作为留存收益，50万元作为投资分红。老张作为优先股投资人，占经营单元的出资份额为20%，投资额50万元。对于老张给予的保底收益为投资额的30%，保底期3年。则保底期内，老张每年从经营单元分红金额不低于15万元。50万元投资按照20%的出资份额，可分配10万元。10

万元少于保底 15 万元。具体分配方式是，老张优先分配 15 万元，剩余 35 万元由其他投资人分配。保底期限届满后，平台不再保底，按照老张所占出资比例分配。

（4）众筹式投资。众筹包括产品众筹、股权众筹、债权众筹和公益众筹。众筹投资是指股权众筹。经营单元以股权众筹吸纳多个外部投资人参与，每个投资人的投资额不大。众筹投资在消费连锁行业中较为常见，许多美容院、餐厅通过股权众筹方式，让消费者参与众筹投资，一方面获得融资，另一方面也获得了铁杆粉丝客户，这些众筹客户大部分会推荐新客户。

8. 定游戏规则

实施分股模式后，如何设定经营单元内部的游戏规则？如何规范员工成为单元投资人的进入机制、决策机制、分配机制、退出机制？

进入机制

进入标准。享有分股模式投资资格的员工必须是转正的员工，原则上在企业服务达到一定年限，认可企业价值观且业绩达到规定要求。

进入次序。单元投资可以逐步实施，先经营单元的经营者 CEO，再经营团队，最后考虑其他参与者。

投资款缴纳期限。员工投资款一步到位是第一选择；一步到位确实有困难的，可以分期到位。分期到位时，建议先实缴到位 50%，剩余部分可以在 1 年内分期到位。

投资主体的签约合作。平台制订经营单元的投资方案，员工签署投资合作协议。

决策机制

经营单元的所有权属于投资人，投资人享有分红权。经营单元的重大经营决策权由平台制定统一政策，经营单元负责执行。经营单元的经营者对经营单元的经营利润负责。经营单元的经营计划，由经营者根据实际制定后报平台备案。经营单元的投资人讨论重大事项时，可以采取以下任一表决方式：

选择一：按照出资比例表决；

选择二：按照人数表决，每人 1 票。

平台如认为重大的事项，需要重点把控的，可以设定"一票否决权""最终决定权""特别决定权"的机制。

分配机制

经营单元的税后利润分配划分为：经营分红、留存利润和投资分红。经营分红优先，留存利润次之，投资分红最后。例如，门店单元税后利润 100 万元，分配方案为：20% 经营分红 20 万元、30% 留存 30 万元、50% 投资分红 50 万元。

经营分红是指优先分配给经营者和核心骨干的税后利润。通过设定经营目标，达成经营目标时，拿出利润的一定比例奖励给单元经营者和核心骨干。

留存利润是指单元利润用于未来发展，不用于分配。留存利润的提取比例通常为10%—50%，根据所在行业、单元状况具体确定。

投资分红是指单元投资人按照实缴出资比例或约定的其他比例参与单元税后利润分配。

退出机制

退出机制涉及出资份额转让、出售、回购和清算的问题。

（1）**出资份额转让**。包括三类情形：

①平台受让单元投资人所占经营单元全部或部分出资份额；

②单元投资人之间相互转让所占经营单元全部或部分出资份额；

③单元投资人向其他方转让所占经营单元全部或部分出资份额。

（2）**出售**。经营单元所有投资人将所占经营单元的出资份额全部转让给第三方。

（3）**回购**。平台与单元投资人在投资协议中按照约定的回购条件和回购价格，触发回购条件时，平台和单元投资人必须同时执行回购条款，平台向单元投资人支付相应的现金，单元合伙人无条件转让所持单元的出资份额给平台。

（4）**清算**。投资主体共同决定终止经营单元的运营，共同清产核资，收回剩余资产，剩余资产按照出资份额占比收回。

分拆模式，海尔集团孵化创业小微

1985 年张瑞敏的一柄大锤向世人宣告海尔只生产高质量产品。然而伴随着白电行业进入衰退期，企业规模却越做越大，岁月长河里那些顷刻轰然倒塌的行业巨头也让张瑞敏开始思索企业持久生存的办法。怎样才能够让员工时间久了不产生倦怠心理、不会总想着浑水摸鱼，而是保持着高效率工作状态，成了海尔长久发展的决定性要素，也是海尔实施"人单合一"模式的主要原因。

近年来，海尔"人单合一"模式已经基本成熟，目前已支持内部创业人员成立 200 余家小微公司，创业项目涉及家电、智能可穿戴设备等产品类别，以及物流、商务、文化等服务领域，并且多家"海尔系"小微企业酝酿上市。

公开资料显示，海尔集团旗下的青岛雷神科技股份有限公司（雷神科技）已经于 2021 年 4 月 29 日向青岛证监局备案，正在接受海通证券的上市辅导。雷神科技是继"海尔系"的青岛有屋智能家居科技股份有限公司后，又一家启动 IPO 的"海尔系"企业，2021 年成为"海尔系"分拆企业陆续筹备上市的大年。

四、分拆模式：八大实操工具

1. 应用场景

分拆模式就是企业平台将业务或资产分拆，投资成立独立运营公司，共享平台资源，相互赋能共同成长。分拆模式，让员工从经理人成为创始人，让老板从创始人成为投资人，让企业实现裂变扩张。什么时候需要分拆模式？企业可以用分拆模式要具备以下三个条件。

第一，**业务必须有增长**。企业平台分拆出去的业务要处于增长阶段，有发展空间。有增长性的新公司通过分拆为独立运营公司，未来具备了从独立发展到独立上市的可能性，这种可能性的增长空间不仅可以吸纳社会优秀人才，还可以吸纳社会资金投入。如果分拆出去的业务难以实现增长，就会出现人才流失和资本离场的现象，新公司会面临失败的风险。

第二，**CEO 必须是狠人**。谁适合担任分拆成立的新公司 CEO？

① CEO 必须真金白银地掏钱投资，购买新公司股份，并成为重要股东；

②CEO必须要全职工作，不能兼职，更不能挂职挂名；

③CEO必须对投资人负责，对经营利润负责；

④CEO必须独当一面、果断处理企业经营的问题。

需要说明的是，分拆模式的公司CEO与分包模式的SU-CEO的能力要求不一样。分包模式的SU-CEO具备"点"的能力，分拆模式的小微企业CEO则必须具备"面"的能力。

万达网科作为万达集团通过分拆模式形成的项目，之所以失败，就是因为没有合适的领军CEO。2016年万达集团调整业务线，将网络科技板块从金融业务线中独立分拆，组成万达网科。王健林将万达网科定位与商业板块、文化板块、金融板块并列的四大业务之一。作为万达集团的"新生儿"，王健林恩宠有加，狂砸重金。王健林豪情万丈地将万达网科的目标定位为"打造中国唯一的实业＋互联网大型开放平台"，要求2018年实现整体盈利，2020年利润过百亿元，实现整体上市。

两年以后，万达网科"曲终人散"，宣告失败。王健林总结是，万达网科失败的核心原因就是钱太多了。是的，万达网科有投资人、有打工干活的经理人，但CEO不是真正的狠人。如果万达网科CEO掏钱投资购买了股份，并拥有独立决策权和经营权，CEO自己就是创始人，是老板，自然就会拿命拼，结果自然不一样。

第三，资源必须共享和共振。实施分拆模式，平台提供给小微企业的资源越强大，小微企业的经营效果会越好，反过来会支持平台的发展。例如，小米科技的生态链布局为什么能快速发展，部分生态链企业实现了

IPO？一方面，生态链企业共享小米平台资源，小米科技平台赋能生态链企业共享品牌资源、用户流量、供应链、渠道资源等，实现了共享共赢；另一方面，生态链企业的发展也提振了小米科技的品牌影响力，增加了小米的粉丝数量。

2. 业务分拆

（1）**多产品企业，按产品线分拆**。例如，小米的生态链公司，就是按照一个产品线一家公司组建，这些项目由小米平台参股投资，成立独立子公司运营；红米手机是低端产品，为了不影响小米的中高端品牌定位，必须分拆为独立子公司运营。

（2）**多元化企业，按产业链分拆**。跨行业、跨产业的多元化企业，按照产业链分拆，实现企业扩张。例如，联想控股分拆为联想电脑、神州数码、联想投资、融科置地、弘毅投资。

（3）**多客户企业，按客户群分拆**。企业平台根据业务类型，按照产品线或者客户群分拆为独立子公司。原则上主营业务公司控股，非主营业务公司参股。

海洋王照明科技股份有限公司主营业务为专业从事特殊环境照明设备的研发、生产、销售和服务，产品涵盖固定照明设备、移动照明设备和便携照明设备三大系列。随着新技术的发展，客户现场及工作需求不断升级，传统的事业部制组织架构反应迟钝，已经形成了一定的阻碍，为了更好地满足客户需求，提高市场一线人员快速应变的能力，内部实施分拆模式。

海洋王发布的公告显示，海洋王于2021年1月开始实施改革，将原来五大事业部按照客户群分类，分拆为五家独立子公司，并赋予子公司更大权力，让它们快速作出决策，扩大市场份额。原事业部负责人成为新公司的董事、总经理和法定代表人，董事长由大股东平台公司委派。五家子公司分拆后形成的股权架构，如图5-5所示。

海洋王照明科技股份有限公司

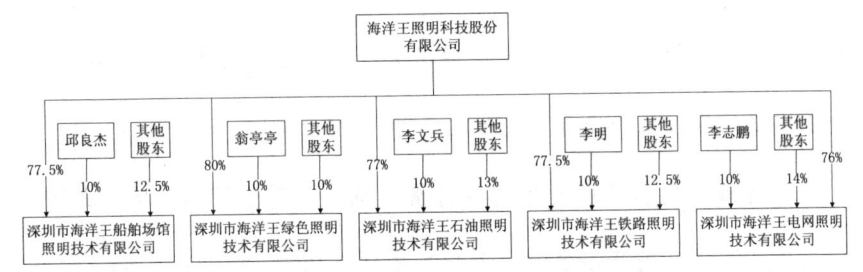

- 深圳市海洋王船舶场馆照明技术有限公司：邱良杰 77.5%、其他股东 10%、12.5%
- 深圳市海洋王绿色照明技术有限公司：翁亭亭 80%、其他股东 10%、10%
- 深圳市海洋王石油照明技术有限公司：李文兵 77%、其他股东 10%、13%
- 深圳市海洋王铁路照明技术有限公司：李明 77.5%、其他股东 10%、12.5%
- 深圳市海洋王电网照明技术有限公司：李志鹏 76%、其他股东 10%、14%

图 5-5 海洋王分拆后形成的股权架构

3. 项目分拆

（1）主营项目和非主营项目分拆。 包括在主营项目上做业务分拆，非主营项目与主营项目剥离分拆。如图5-6所示。

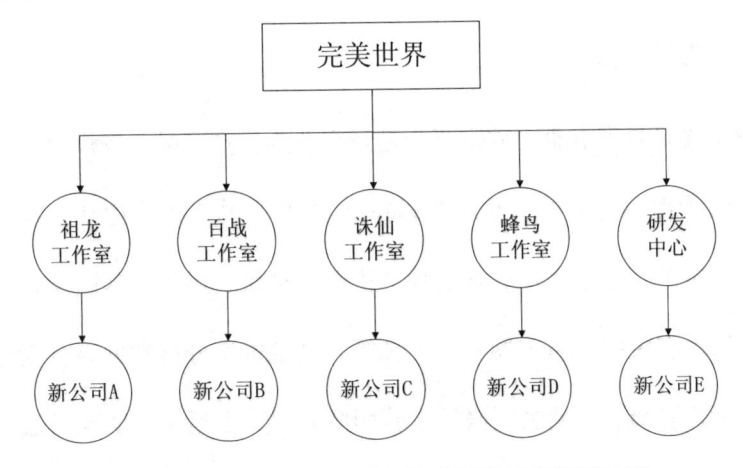

完美世界
- 祖龙工作室 → 新公司A
- 百战工作室 → 新公司B
- 诛仙工作室 → 新公司C
- 蜂鸟工作室 → 新公司D
- 研发中心 → 新公司E

图 5-6 完美世界控股集团重组分拆的5家新子公司

完美世界控股集团的主营核心项目是游戏板块，非主营项目涵盖了影视、游戏、电竞、院线、动画、教育、互联网商务等业务板块。完美世界对游戏板块的研发团队进行重组，分拆为五家新子公司。新子公司由完美世界持有大部分股权，团队持有其他股权。完美世界利用公司专有技术、图形设计、整合平台、发布渠道和其他有价值的资源赋能子公司发展。通过分拆模式，加快游戏开发进度，确保游戏设计更加灵活，可根据市场趋势快速作出反应，从而提升游戏开发效率。

（2）**高利润项目和高资金项目分拆**。例如，对于那些整体经营稳定、经营业绩尚佳的上市公司来说，主营业务是高利润；前景广阔的高科技项目，是高成长、高资金需求项目。通过对高资金需求的项目分拆，既可以开辟新的筹资渠道，拓展融资空间，促使企业融资格局多元化，又可以满足持续高资金的融资需求，增强自我发展后劲，并为风险投资提供有效的退出通道。

4. 资产分拆

（1）**固定资产分拆**。固定资产是指企业为生产产品、提供劳务、出租或者经营管理而持有的、使用时间超过12个月的，价值达到一定标准的非货币性资产，包括房屋、建筑物、机器、机械、运输工具以及其他与生产经营活动有关的设备、器具、工具等。固定资产分拆常见为企业将固定资产与运营剥离。运营公司吸纳运营团队入股，由运营团队操盘盘活固定资产公司。运营公司属于轻资产化的公司，通过资产分拆的方式，让优秀的运营团队以较少的出资成为运营公司的股东。在同等出资的情况下，团队在运营公司比在传统重资产公司持有的出资比例更高，收益更可观。

万豪酒店集团的酒店地产业务专属性强、流动性和外延性弱，很难像麦当劳那样从地产中获取超额收益。万豪酒店集团的超额收益仅来源于品牌化管理，而这种核心竞争能力的强化需要有大量金融资源支持。虽然万豪酒店集团的酒店管理业务本身能够产生相对稳定的现金流，但地产业务却是高风险的周期性行业。

万豪酒店集团分拆为万豪服务公司和万豪国际公司。所有酒店地产剥离给万豪服务公司，万豪国际公司不直接拥有任何酒店资产，转型成为纯粹的服务性机构。

分拆之后，两家子公司各自经营状况良好。经营管理业务的万豪国际公司在直营的同时通过品牌延伸开发加盟业务。经营地产业务的万豪服务公司将业务延伸到万豪品牌之外，收购喜达屋等其他酒店品牌。两家子公司之间又进行紧密的合作，万豪服务公司为其融资新建或改建酒店，然后与万豪国际公司签订长期委托经营合同。

（2）**无形资产分拆**。无形资产指软件著作权、专利权、商标权等知识产权。

北京超图软件股份有限公司主要从事地理信息系统相关软件技术研发与应用服务。超图软件2015年将内部孵化的地图慧项目进行剥离，以地图慧业务资产出资与地图慧业务部的骨干员工共同成立小微公司成都地图慧科技有限公司。超图软件披露的文件显示，成都地图慧注册资本1100万元，其中超图软件以经评估的地图慧无形资产出资697.23万元、以货币出资182.77万元，合计出资880万元；超图软件研发中心负责人李绍俊和其他骨干孙鹏、张颖娜等地图慧核心人员合计以货币出资220万元。小微公司独立经营、独立核算、自负盈亏，自主创新研发管理模式、市场推广方式和人员激励措施，吸引优秀人才加入新公司，加速业务发展。

5. 职能分拆

（1）**经营职能分拆**。属于经营职能的部门如生产、销售、供应链。进行分拆模式时，平台可以设立多个生产子公司、销售子公司、供应链管理子公司，每个子公司即为小微公司。根据平台与拆分出去的经营职能的关系，可以确定属于平台控股型的小微公司还是平台参股型的小微公司。以生产为例，平台可以根据每条生产线的不同产品，设立不同的生产子公司，每个产品生产的负责人可以参与所负责的生产子公司的投资。另外，平台也可以根据地域扩张，减少运输成本的需要，通过分拆模式在外地设立生产子公司。再以销售为例，可以按照区域不同，通过分拆裂变出多个销售子公司，每家子公司由平台和销售公司负责人共同投资。

（2）**服务职能分拆**。属于服务职能的部分如研发、人事、新媒体等。服务职能的部门通过分拆模式设立子公司后，相关部门人员的劳动关系可以统一迁移至新设的子公司。服务职能分拆的小微公司，不仅可以服务平台内部，在平台业务不饱和的情况下，也可以从事外部业务。

6.股权架构

实施分拆模式时，如果企业早期的股权架构不搭设好，后期会面临很多问题，包括税务成本增加、创始人控制权旁落、影响上市进程等。

（1）**三层股权架构**。三层股权架构是指设计企业整体股权架构时，以"私人公司—平台公司—小微公司"作为基本架构，根据企业实际进行延伸和扩展。其中私人公司是创始人或股东以私人名义成立的公司；企业平台就是平台公司；小微公司就是分拆出来的企业。

设计三层股权架构不仅可以让企业实现组织裂变做大，还可以规避经营风险，合理避税等。通用版的三层股权架构如图5-7所示。

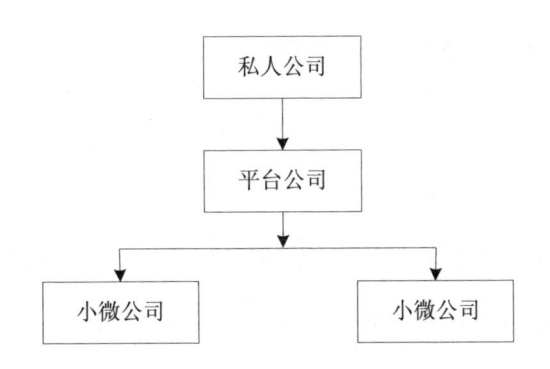

图 5-7 通用版的三层股权架构

（2）**平台公司股权结构**。平台公司的股东包括创始人私人公司、联合创始人、针对核心骨干的期权池、资源股东和资本股东。以"三层股权架构"为基础，可以在平台公司层面和小微公司层面进行扩张、延伸，如图5-8所示。

单元合伙
——从就业到内部创业的组织进化模式

```
                      创始人家庭
        ┌──────┬──────┬──────┬──────┐
      资本股东 资源股东 私人公司 联合创始人  期权池
                                    (有限合伙企业)
        └──────┴──────┬──────┴──────┘
                    平台公司
        ┌──────┬──────┬──────┬──────┐
      经营者  经营者  经营者         经营者
        │      │      │              │
     小微公司A 小微公司B 小微公司C ……  小微公司N
```

图 5-8 平台公司股权结构

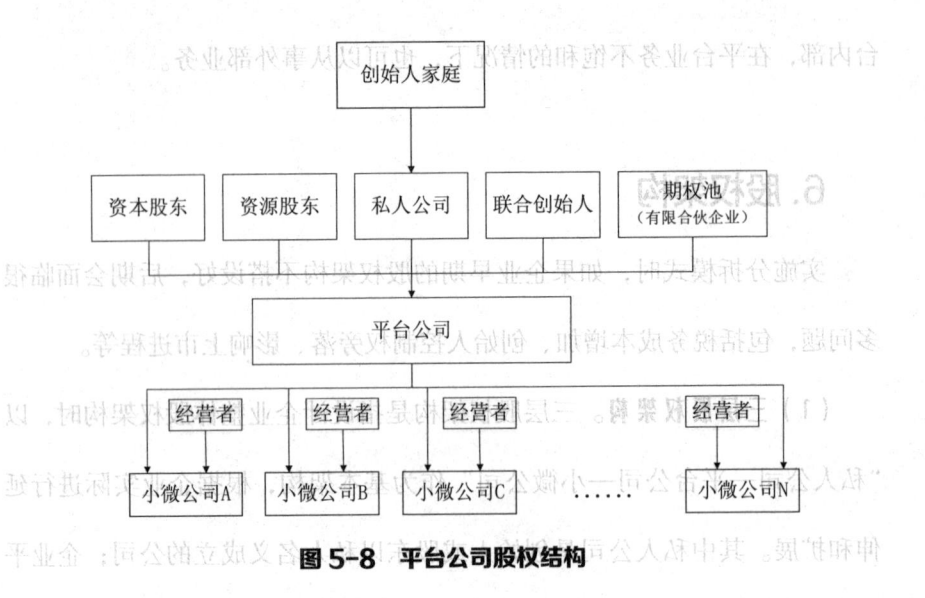

（3）私人公司股权结构。私人公司是指创始人或者核心股东实际控制的公司，股东通常为家庭成员，包括创始人、配偶和子女。私人公司主要有以下两大好处：

第一，有利于企业资产的家族传承。企业老板若名下产业较多、公司较多，每个公司如果都以自然人方式持股，子女承继股权时，势必要每家公司分别办理股权转让，耗时费力。另外，也要考虑其他股东是否愿意与子女合伙的问题。如果通过私人公司对外投资，子女承继股权时，只需在私人公司做一次股权转让即可。

第二，有利于税后利润的合理节税。自然人股东从所投资的公司分取的税后利润分配，根据《中华人民共和国个人所得税法》的规定，须缴纳个人所得税。根据《中华人民共和国企业所得税法》，符合条件的居民企业之间的股息、红利免税。私人公司作为股东从平台公司分取的利润，属于投资收益，按法律规定可不缴纳税款。

7. 公司治理结构

企业平台分拆出来的小微公司如何管控？是老板吗？如果只有 2—3 家小微企业，老板有可能管控；如果有 100 家小微企业，老板怎么管？建立完善的公司治理结构和治理机制，从制度上解决小微公司的管控问题。公司治理结构主要是"三会一层"，也就是股东会、董事会、监事会和经理层，如图 5-9 所示。

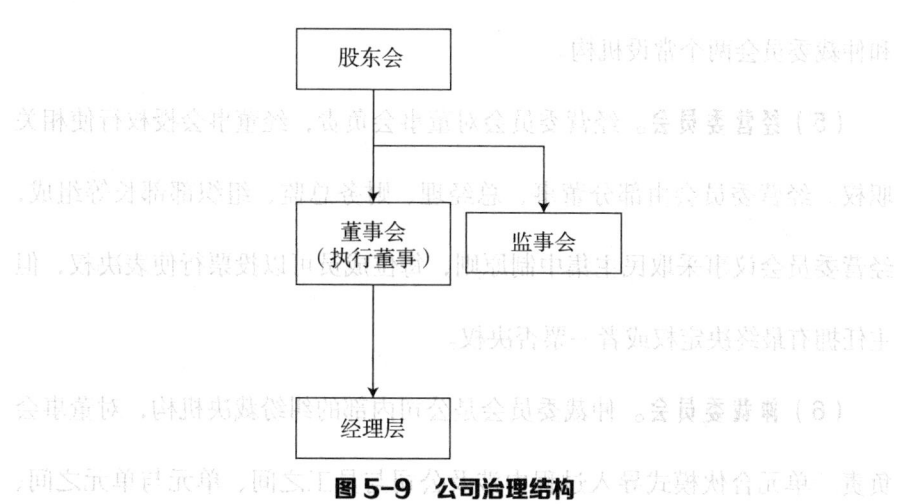

图 5-9　公司治理结构

（1）**股东会**。股东会是公司最高权力机构，有权决定公司一切重大事项。有限责任公司称为"股东会"，股份公司称为"股东大会"。

（2）**董事会**。董事会负责制定战略和决定重大事项，董事会对股东会负责。有限责任公司董事会人数 3—13 人，股份公司是 5—19 人。董事类型包括股权董事、管理董事和独立董事。股权董事是指股东委派或提名的董事；管理董事是指在公司担任高级管理人员的董事；独立董事是指不在公司任职也不属于股东委派的董事。

（3）监事会。监事会主要行使监督职责，确保董事会、经理层忠实勤勉地履行职责，监事会对股东会负责。有限责任公司可以设立监事会，也可以不设监事会，设1—2名监事。股份公司必须设立监事会，成员3人以上。

（4）经理层。经理层主要负责执行和落实董事会决议，经理层包括总经理和其他高级管理人员，公司高管对总经理负责，总经理对董事会负责。

需要说明的是，大部分实施单元合伙改制的企业，增加了经营委员会和仲裁委员会两个常设机构。

（5）经营委员会。经营委员会对董事会负责，经董事会授权行使相关职权。经营委员会由部分董事、总经理、财务总监、组织部部长等组成，经营委员会议事采取民主集中制原则，每位成员可以投票行使表决权，但主任拥有最终决定权或者一票否决权。

（6）仲裁委员会。仲裁委员会是公司内部的纠纷裁决机构，对董事会负责。单元合伙模式导入过程中涉及公司与员工之间、单元与单元之间、员工与员工之间就利益分配比例、客户归属、款项支付等问题发生争议时，由仲裁委员会在公正、公平的前提下出具初步仲裁意见报董事会批准。

8. 公司治理机制

股东会治理机制

（1）股东会决策机制。

公司分为有限责任公司和股份有限公司，有限责任公司强调"人合性",股份有限公司强调"资合性"。有限责任公司称为"股东会",股份有限公司称为"股东大会"。为表述方便,统称为"股东会"。根据《公司法》的规定,有限责任公司股东会表决时,以"全体股东所持表决权"作为基准,股份有限公司则不同,以"出席会议的股东所持表决权"作为基准。股东会作为公司的权力机关,但也不是任何事情都由股东会作出决议,而是由《公司法》对股东会的职权作出规定,明确股东会的职权范围。对于股东会决策机制,可从两个途径进行限制,一个是公司章程,另一个是《公司法》。首先是参照公司章程,如果章程中没有规定,则参照《公司法》。当然,前述适用的前提是公司章程不能与《公司法》冲突,即章程是合法的。

股东会的表决程序分为普通决议事项和特别决议事项。《公司法》规定的特别决议事项包括:修改公司章程、增加或者减少注册资本的决议,以及公司合并、分立、解散或者变更公司形式的决议。当然,公司也可以根据实际通过公司章程扩大特别决议事项的范围。除特别决议事项外,均可以归为普通决议事项。对有限责任公司而言,《公司法》并未明确规定股东会普通决议程序,而是让股东通过章程自行确定。

股东会决策机制有6个敏感的数字:67%、51%、34%、10%、3%、1%。

67%(严格来说,应该是2/3,也就是66.67%)代表了绝对控制权。涉及特别决议事项时,有限责任公司必须经代表三分之二以上表决权的股东通过;股份有限公司必须经出席会议的股东所持表决权的三分之二以上通过。

51%（在法律表述中称"过半数"）是相对控制线，达到了51%（过半数）股权后，即可对普通决议事项进行控制。"过半数"和"半数以上"是两个不同的概念，过半数是不含半数，半数以上是含半数，也就是说，51%是过半数，50%则是半数以上。

34%也叫安全控制线，达到34%具有一票否决权，这条与绝对控制权相对应。对于所有须2/3以上表决权才能通过的事项就有了一票否决权。仅1/3，即33.33%不具备一票否决权，因为3/2表决权包含2/3，只有你过了1/3，别人才不可能拥有2/3以上股权。

10%享有临时会议权。10%的股权有提议召开临时会议的权利。临时会议包括股东大会临时会议、股东会临时会议、董事会临时会议。会议可提出疑问、调查、清算、解散公司。

3%享有临时提案权。仅适合股份有限公司，有限公司不作限制。是指持有公司3%以上股份的股东，可以在股东大会召开时提出临时提案。可以是单个股东持有，也可以是多个小股东合计持有。

1%享有代位诉讼权，也叫派生诉讼权，可以间接调查起诉，提请监事会或董事会调查。此1%限制仅适用于股份有限公司，有限公司不作限制。代位诉讼或派生诉讼的意思就是指当董、监、高等公司高层有损害公司利益的行为时，作为高层当然不可能自己起诉自己，这时候股东只要持股比例达到1%，就可以以自己的名义代公司对高层提起诉讼。

（2）股东会分配机制。

审议批准公司的利润分配方案和弥补亏损方案属于股东会法定职权。

根据《公司法》规定，公司分配当年税后利润时，应当提取利润的 10% 列入公司法定公积金。公司法定公积金累计额为公司注册资本的 50% 以上的，可以不再提取。公司法定公积金不足以弥补以前年度亏损的，在依照前款规定提取法定公积金之前，应当先用当年利润弥补亏损。公司从税后利润中提取法定公积金后，经股东会或者股东大会决议，还可以从税后利润中提取任意公积金。公司弥补亏损和提取公积金后所余税后利润，由股东进行分配。

在符合《公司法》和企业会计政策的前提下，公司税后利润实际操作时可以按照经营分红、留存利润和股东分红进行划分。经营分红主要是奖励给优秀经营者。当然，享有经营分红必须以达成经营计划为前提，如果经营计划未达成，则不享有经营分红。留存利润包括了应提取的法定公积金和股东会同意的任意公积金。如果股东不按照实缴出资比例分取红利，必须经全体股东一致约定。因此，针对有限责任公司的股东分红，建议全体股东通过合作协议的形式提前明确约定。股份有限公司按照股东持有的股份比例分配，但股份有限公司章程规定不按持股比例分配的除外。自然人股东参与分红时，应当按照法律规定缴纳个人所得税，由公司支付红利时代扣代缴。

（3）**股东会退出机制**。

股东会退出机制是指某个股东退出公司的股东会，不再享有股东资格。股东退出股东会通常有两种方式。

第一种，公司回购退出。由公司回购某个退出股东的股权，公司将回购款支付给该退出股东。如 AB 公司股东有张三、李四和王五。王五想退出公司股东会，张三和李四均不愿意回购王五的股权，可以由 AB 公司回购王五的股权。回购完成后，AB公司的股东由张三、李四和王五三人减少为张三、李四二人。公司回购股东股权，需要公司有可动用的银行存款用来支付回购款。公司回购时应当办理减少注册资本的变更登记，并调整存续股东的股权比例和实收资本等会计科目。

第二种，转让股权退出。其他股东或外部第三方受让退出股东的股权，受让方将股权转让款支付给转让方。

由于有限责任公司讲究人合性，大家都不希望某个股东中途退出，否则会影响公司的正常发展，因此，股东合伙创业设立公司前，建议签署股东合作协议，明确约定股东退出条款。

公司成立不到1年时，全体股东不得退出。

公司成立满1年不满5年，如果某一股东退出的，退出价格可以按照如下孰低者：退出股东所持股权的实缴出资原价；退出股东所持股权对应的公司账面净资产。

公司成立届满5年，如果某一股东退出的，退出价格可以按照如下孰高者：退出股东所持股权对应的公司账面净资产；退出股东所持股权对应的公司上年度净利润4倍市盈率估值。

以上建议仅供参考，每家公司可依据实际情况制定适合的退出条款。

董事会治理机制

（1）董事会决策机制。

在梳理董事会决策机制前，有必要把一些概念梳理清楚。我们经常听到执行董事和非执行董事，很多公司也在滥用称谓，根本就没分清楚两者的差异。执行董事和非执行董事属于英美法系的概念，我国香港地区的公司条例也在沿用。我国大陆在香港上市的公司也会设立执行董事、非执行董事、独立非执行董事。执行董事是指在公司除担任董事外，也担任行政职务，如总裁、副总裁等。非执行董事是指不在公司担任除董事外的其他职务，独立非执行董事还必须要求与其所受聘的上市公司及其主要股东不存在可能妨碍其进行独立客观判断的关系。我国大陆没有非执行董事、独立非执行董事的法律规定，关于执行董事的规定与香港地区也不一样。我国大陆《公司法》规定的执行董事是指规模较小的有限责任公司，可以不设立董事会，设执行董事一人，执行董事也就类似于董事会的董事长。

国内关于上市公司规定了独立董事制度。上市公司独立董事是指不在公司担任除董事以外的其他职务，并与其所受聘的上市公司及其主要股东不存在可能妨碍其进行独立客观判断关系的董事。我国上市公司要求独立董事席位不少于董事会人数的1/3。在实务中，独立董事属于外部董事的一部分。外部董事是指不在公司担任行政职务的董事，包括独立董事和其他外部董事。

董事会是公司的经营决策机构。董事会设董事长一人，可以设副董事长。有限责任公司董事会的董事长、副董事长的产生办法由公司章程规定。股份有限公司董事长和副董事长由董事会以全体董事的过半数选举产生。董事任期由章程规定，但每届任期不得超过三年。董事任期届满，连选可以连任。

《公司法》对有限责任公司董事会的限制较少，只是规定有限责任公司董事会议事方式和表决程序按照公司章程的规定执行，除非《公司法》有明确规定。股份有限公司相反，《公司法》对股份有限公司董事会会议做了明确规定，股份有限公司的董事会决议的表决，实行一人一票。会议应有过半数的董事出席方可举行。董事会作出决议，必须经全体董事的过半数通过。因此，有限责任公司董事会可以参照股份有限公司的董事会议事方式和表决程序，并在公司章程中明确。有限责任公司董事会的议事规则中，可以增设董事长或特别董事的一票否决权或最终决定权。我们既要讲民主，也要讲集中。

（2）**董事会分配机制**。

美国公司以董事会为中心，董事会和董事权力较大；中国公司以股东会为中心，董事会作为经营决策机构，在股东会的领导下开展工作。《公司法》明确规定了董事报酬制度，由股东会决定董事的报酬事项。在公司担任行政职务的董事，董事报酬可以并入工资薪酬所得，按照工资薪酬所得缴纳个人所得税。外部董事获得董事报酬，作为劳务所得，按照劳务所得缴纳个人所得税。现在个人所得税改革，将工资薪酬所得、劳务报酬所得，全部归为综合所得，按照综合所得缴纳个人所得税。

（3）**董事会退出机制**。

董事退出董事会有三种形式：主动辞职、任期届满和罢免撤换。

主动辞职。董事主动申请辞去董事身份，不再担任董事。

任期届满。董事任期届满，未被连选连任的，自动丧失董事身份。

罢免撤换。①职工董事撤换罢免：两个以上的国有企业或者两个以上的其他国有投资主体投资设立的有限责任公司，其董事会成员中应当有公司职工代表；其他有限责任公司董事会成员中可以有公司职工代表。董事会中的职工代表由公司职工通过职工代表大会、职工大会或者其他形式民主选举产生。职工董事相应地也由职工代表大会或职工大会罢免撤换。②非职工董事，由股东会罢免撤换。董事任期届满未及时改选，或者董事在任期内辞职导致董事会成员低于法定人数的，在改选出的董事就任前，原董事仍应当依照法律、行政法规和公司章程的规定，履行董事职务。

经营委员会治理机制

（1）经营委员会决策机制。

讨论本话题前，先厘清 CEO 与总经理的区别，很多人将两者混为一谈。我国《公司法》没有 CEO 的法律概念，CEO 是个舶来品，全称为 Chief Executive Officer，即首席执行官。CEO 概念是美国人在 20 世纪 60 年代进行公司治理结构改革创新时的产物。一些美国人认为，决策层和执行层存在的信息传递时滞和沟通障碍、决策成本的增加，传统的"董事会决策、经理层执行"的公司体制已经难以满足决策的需要。解决这一问题的首要一点，就是让经理人拥有更多自主决策的权力，让经理人更多为自己的决策奋斗、对自己的行为负责。CEO 在某种意义上代表着将原来董事会手中的一些决策权过渡到经营层手中。

我国《公司法》将"总经理"称为"经理"。CEO与总经理形式上都是企业的"一把手"。CEO既是行政一把手，又是股东权益代言人。多数情况下，CEO是作为董事会成员出现的，总经理则不一定是董事会成员。CEO职权就是国内企业50%的董事长加上50%的总经理。为进一步深入理解和符合我国《公司法》规定，我们将CEO直接认定为担任公司董事身份的总经理，也就是香港所称的执行董事。

按照我国《公司法》的规定，公司的高级管理人员是指公司的经理、副经理、财务负责人，上市公司董事会秘书和公司章程规定的其他人员。因此，我国《公司法》明确规定的经理（总经理）、副经理（副总经理）和财务负责人、上市公司董事会秘书属于公司高级管理人员，其他人员是否属于高级管理人员，由公司章程规定。如AB公司章程规定人事总监属于公司高级管理人员，那么人事总监属于AB公司高级管理人员；CD公司章程未规定人事总监属于公司高级管理人员，那么人事总监就不属于CD公司高级管理人员。

经营委员会对董事会负责，负责在董事会授权下决策部分事项和执行落实董事会决议。经营委员会会议决议时，采取一人一票，过半数通过。当同意票和反对票相同时，委员会主任享有最终决定权或一票否决权。经营委员会每次会议形成的会议纪要，由经营委员会全体成员签字确认，便于后面贯彻实施。

（2）经营委员会分配机制。

经营委员会大部分属于公司高级管理人员。因为不同角色，收入有差异。如营销负责人作为经营委员会成员，可以享受基础薪酬、业绩提成和经营分红。

（3）经营委员会退出机制。

申请辞职。主动申请辞去经营委员会委员身份，不再担任委员。

罢免撤换。对不合格的委员，公司董事会有权直接罢免。

第六章 个人利润（PPS）

绩效考核的三大工具

PPS 核算规则

如何定 PV 采购标准

PPS 考核机制和实施

单元合伙让20%的奋斗者成为创业者，还有80%的劳动者怎么办？

行政、人事、财务等不属于经营单元，这些服务单元的后台人员如何考核？

个人利润决定企业利润。个人利润以人力成本为基准坐标，以采购结果为个人价值标准，核算个人利润，评估员工的实际价值和实际收入。实现员工主动合作主动干，让劳动者成为奋斗者，提高企业经营效率。

如何让好人不吃亏，坏人不偷懒？

如何从人力成本的角度，评估员工的实际价值？

如何实现个人价值利润化、绩效考核货币化？

如何让劳动者成为奋斗者，员工主动合作主动干？

基于上述疑问，笔者当时写下了一个公式：**个人利润 = 个人价值 - 人力成本**。

从那时起，笔者一直尝试求解这个公式。历经 5 年时间，在笔者的企业先行试验，后来一部分参加了个人利润实操课程的企业创始人也开始在企业试行。经过三次革命性的理论创新，终于形成了今天的个人利润理论体系和实操体系，并开发了专用的 PPS 软件和云系统，便于供企业简单、快捷地使用。

一、绩效考核的三大工具

1.KPI：Key Performance Indication

KPI 即关键业绩指标

KPI 是通过将企业的战略目标分解到各个职能部门和业务部门，再逐级下沉分解，直至员工个体，然后基于考核结果予以奖励和处罚。

KPI是企业绩效管理系统的基础。KPI可以使部门主管明确部门的主要责任，并以此为基础，明确部门人员的业绩衡量指标，使业绩考评建立在量化的基础之上。简单地说，KPI的存在，就是运用关键考核指标，让员工认真工作，完成部门业绩指标，完成企业的目标。KPI的指标包括：

（1）职责、职能类指标；

（2）胜任力指标；

（3）工作业绩指标。

绩效管理最重要的是让员工明白企业对他的要求是什么，以及他将如何开展工作和改进工作，他的工作的报酬会是什么样的。绩效考核主要实现两个目的：一是绩效改进，二是价值评价。面向绩效改进的考核主要遵循PDCA（包含Plan计划、Do执行、Check检查和Act处理）循环模式，它的重点是问题的解决及方法的改进，从而实现绩效的改进。它往往不和薪酬直接挂钩，但可以为价值评价提供依据。主管在工作过程中不断与下属沟通，不断辅导与帮助下属，不断记录员工的工作数据或事实依据，这比考核本身更重要。

KPI的局限性

（1）没有人对最终结果负责，每个人只对自己的过程负责。

（2）人的主观能动性被压抑。

（3）结果高度管理者的指令和领导评分。

2.BSC: Balanced Score Card

BSC 即平衡计分卡

BSC 围绕企业的战略目标，从财务、客户、内部运营、学习与成长四个角度将组织的战略落实为可操作的衡量指标和目标值的一种新型绩效管理体系。在使用 BSC 时对每一个方面建立相应的目标以及衡量该目标是否实现的指标。

财务方面：其目标是解决"股东如何看待我们？"这一类问题。告诉企业管理者他们的努力是否对企业的经济收益产生积极的作用。财务方面指标包括传统的财务指标，如销售额、利润额、资产利用率等。

客户方面：其目标是解决"顾客如何看待我们？"这一类问题。通过顾客的眼睛来看一个企业，从交货周期、质量、服务和成本几个方面关注市场份额以及顾客的需求和满意程度。其指标可以是送货准时率、顾客满意度、产品退货率、合同取消数等。

内部运营方面：其目标是解决"我们擅长什么？"这一类问题。报告企业内部效率，关注导致企业整体绩效更好的过程、决策和行动，特别是对顾客满意度有重要影响的企业过程，如生产率、生产周期、成本、合格品率、新品开发速度、出勤率等。

学习和创新方面：其目标是解决"我们是在进步吗？"这一类问题。将注意力引向企业未来成功的基础，涉及雇员问题、知识资产、市场创新和技能发展。在当前市场环境下，光有竞争优势是不够的，还必须保持这种优势，这就需要不断地创新改进和变化。只有通过发布新产品、为顾客增加新的价值、不断提高运行效率，企业才能够进入新的市场，增加收入和利润。

BSC的局限性

BSC曾经代表了国际上最前沿的管理思想，它的一个最为突出的特点就是集测评、管理与交流功能于一体。但在实际应用过程中存在以下局限性：

（1）**BSC实施难度大，工作量也大**。首先准确定位公司战略本身就对高层管理者的管理素质要求很高，同时也要求各级管理和HR工作者有很强的战略的解码能力。而且BSC考虑的考核要素很完整，这造成工作量很大，实施的专业度也很高，如企业不具备完整规范的管理平台，不具有相关的高素质的管理人员和HR专业人员，一般是很难推广BSC的。

（2）**不能有效地考核个人**。BSC的战略目标是以部门为核心的指标分解，很难分解至个人。个人关键素质要求方面体现不明显，会在一定程度上造成岗位职责和素质要求不明确。

（3）BSC 系统庞大，短期内很难体现其对战略的推动作用。因为战略是属于长期规划的范畴，所以 BSC 的实施周期也相对比较长，准确地说，一个系统工程短期内很难见到效果，而且需要调动整个公司的资源。

3.OKR：Objectives and Key Results

OKR 即目标与关键成果法

OKR 是一套明确和跟踪目标及其完成情况的管理工具和方法，由英特尔公司创始人安迪·葛洛夫创造。OKR 的主要目标是明确公司和团队的目标，以及明确每个目标达成的可衡量的关键结果。

实施 OKR 的关键有以下五点：

（1）OKR 首先是沟通工具。团队中的每个人都要写 OKR，所有这些 OKR 都会放在一个文档里。任何员工都可以看到每个人在这个季度最重要的目标是什么，团队这个季度的目标是什么。

（2）OKR 是努力的方向和目标。OKR 代表你到底要去哪里，而不是你要去的地方具体在哪里。

（3）OKR 必须可量化（时间 & 数量）。

目标必须一致：制定者和执行者目标一致、团队和个人的目标一致。

目标是要有野心的，有一些挑战性的，有些让你不舒服的。

（4）通过月度会议 Review，时时跟进 OKR。在月度会议上需要确定如何达到目标，是一个帮助达到目标的过程。

（5）通过季度会议 Review，及时调整 OKR。调整的原则是目标（Objectives）不变，只允许调整关键成果（Key Results）。

OKR 与 KPI 的区别

（1）OKR 考核的是："我要做的事"，OKR 致力于如何更有效率地完成一个有野心的项目，是监控"我要做的事"；KPI 考核的是："要我做的事"，KPI 则强调如何保质保量地完成预定目标，是"要我做的事"。

（2）OKR 类似于自由团体的群起响应，需要流程的参与者与组织同心同德；KPI 类似于流水线式的制造，需要制定者完全了解流程及产能。

（3）OKR 主要强调的是对于项目的推进，要求的是如何更有效率地完成一个有野心的项目；而 KPI 主要强调的是对人事的高效组织，如何保质保量地完成预定目标。

OKR 的局限性

OKR 与绩效考核分离。OKR 不直接与薪酬、晋升关联，强调 KR（关键结果）的量化而非 O（目标）的量化，并且 KR（关键结果）必须服从 O（目标），可以将 KR（关键结果）看作达成 O（目标）的一系列手段。

OKR相对于KPI而言，不是一个考核工具，而是一个更具有指导性的工具，它存在的主要目的不是考核某个团队或者员工，而是时刻提醒每一个人当前的任务是什么。

对员工能力素质提出更高的要求。在很多企业的日常工作中，绝大多数员工并不具备OKR所要求的主动、客观地提出自身目标的能力素质。所以BSC分解KPI式的自上而下管理，对绝大多数企业、常规性的普通岗位更有效；很多企业推进OKR自下而上设定目标的愿望是美好的，但是实践价值并不太大，尤其是目标（O）的设定，有些企业让员工自己提出目标（O），结果令人失望甚至让人哭笑不得。

4. 绩效考核的四大"痛点"

层层分解的指标博弈

确定考核指标的流程一般是将公司目标分解为部门指标，部门指标分解为个人指标，通过自上而下和自下而上相结合的方式，确定员工考核指标。但是员工一定不会上报自己不可控的指标，导致指标层层分解层层打折，最后底层的指标汇总并不等于公司的战略目标。于是，定指标成为一个痛苦的博弈过程，上级要压指标、下级要降指标，都在讨价还价，都在拼口才，都在拼演技。

另外，从员工到主管内心都不愿意接受考核。要想在企业推行绩效考核，需要强势的老板真正将绩效考核贯彻到自己的血液和思维中。

现实状况是，老板普遍缺乏将绩效考核坚持到底的"决心"和"持续耐力"。

实施成本高，沟通成本更高

以 KPI 指标体系为例，要建立可实施的关键指标体系，其主要流程有以下四个：

（1）制定指标。关键绩效指标由专业人员设计，设计稿上报公司领导班子审议；根据公司领导班子的意见进行修订，将修订稿交各职能部门讨论；将讨论意见集中再修订。

（2）分解指标。指标制定后还要将指标层层分解，指标分解中的沟通和博弈。

（3）跟进指标。指标分解下去了，还要周例会跟进、月例会复盘和总结。

（4）绩效考核。对指标完成结果考核：分钱，皆大欢喜；扣钱，还要给员工做思想工作。

每次例会和总结会，老板要亲自督阵，主管领导要参加，人事干部也要参加。计算下来，投入绩效考核的时间，不管是老板，还是主管、员工，每月都超过了3天。绩效考核带来的实施成本高、沟通成本高可见一斑。

被动式考核，评分基本都过

员工有表现好的，也有表现差的，评分差异会很大。在大多数企业实践中的实际结果是，主管对员工评分基本都是合格的，并且评分分值惊人地接近。为什么会出现这一现象？绩效考核的评分不是员工申报的，而是主管对下属员工的考评，员工处于被考核状态。主管给员工评分，容易出现三种状况。

第一种：一部分人评分合格，一部分人评分不合格。代表有人不扣工资，有人要扣工资了。虽然扣款只有100元，但是，这对于员工是不能接受的。上班打工，就是希望获得稳定的工资性收入，工资只能加，不能扣。最后，评分不合格的员工就会闹情绪，对主管领导产生怨恨，甚至以离职收场。

第二种：全部评分都合格，评分分值有差异，但大家都不扣工资。如果有人分值很高，就会拿奖金，"不患寡而患不均"的"大锅饭"平均主义文化突破了员工的预期，所有人都会觉得不适应，包括拿奖金的人也不愿意，害怕枪打出头鸟。

第三种：全部评分都合格，而且评分分值很接近。不是98分，就是97分、96分。作为主管领导的职业经理人也明白：给员工发工资、发奖金的钱是老板出的，扣员工工资，自己拿不到一分钱，还会让下属员工闹情绪。多一事不如少一事，大家都过关。

考核结果弱激励，草草收场

企业实施绩效考核，投入了巨大的时间成本、人力成本、沟通成本，终于有了一个考核结果，张山评分高于基础标准，按规定要奖励。奖多少呢？200元。

假定张山每月的基本工资是5000元，一般企业会将工资总额的20%，即1000元作为绩效工资部分。考核张山的指标分为三类：

（1）职责、职能类指标，占30%；

（2）胜任力指标，占30%；

（3）工作业绩指标，占40%。

正常情况下，因为指标无法量化，张山在（1）类指标和（2）类指标都会得100分，两项权重相加有60分，唯一的变化是（3）类指标，假定达到150分，权重分值从40分增加到60分。张山本月绩效总分值120分，绩效基本工资1000元，实际绩效工资为1200元，因此，实际奖励是200元。

请问，张山下个月还会努力干，争取再拿200元奖励吗？大概率是不会。

很多企业实施绩效考核时轰轰烈烈，考核结果兑现时只能发钱，不能扣钱。因为如果扣钱，员工要么有负面情绪，要么离职。部分被奖励的员工，也只能多拿到200元左右。绩效考核的结果呈现弱激励的特点，导致员工不愿意被考核，不愿被扣钱，也没有兴趣拿奖金。大部分企业实施绩效考核都是虎头蛇尾，最后不了了之，草草收场。

二、PPS 核算规则

林瑞是一家科技公司的软件开发工程师，每月基本工资10000元，这个薪资收入标准已经两年没有调整了。对林瑞而言，干多干少、干好干坏都差不多，主管领导和HR都很难具体考核他的工作数量和质量。

三个月前，公司正式实施PPS，林瑞的季度个人利润累计超过了15000元，按照PPS考核制度，林瑞获得了10000元的现金奖励，相当于林瑞的个人季度收入增加了30%。林瑞的PPS奖励在公司起到了示范作用，软件工程师的工作积极性与主动性增强，工作效率明显提高了。

1.PPS 是什么？

PPS：Personal Profit Surplus

PPS= 个人价值 PV- 人力成本 PC

其中：PPS: Personal Profit Surplus；PV: Personal Value；PC: Personal Cost。

通俗地讲，个人利润就是个人价值利润化，绩效考核货币化。个人利润是以人力成本为基准坐标的，评估员工实际价值，关联个人收入；激励劳动者成为奋斗者，增加经济效益。

人力成本（PC）

人力成本是指员工个人人力成本的总和。人力成本包括以下部分：

（1）基本工资。每月固定支付部分的底薪和补贴，不包括变动部分的奖金、提成等。

（2）与基本工资基数相关的劳动保险、医疗保险、住房公积金等，每月固定支付部分。

（3）员工办公工位平均费用、相关培训费等。

为了更方便核算成本，一般按基本工资的1.5倍计算人力成本。例如，张山每月的基本工资是5000元，那么张山每月的人力成本就是7500元。

为什么按基本工资的1.5倍计算人力成本？首先，基本工资占了100%；其次，以基本工资为基准的保险福利占了44%左右。人力成本按基本工资的1.5倍计算，只是一个近似的数字。当然，人力成本涉及行业差异性、地区差异性，在企业实践中建议以基本工资的1.5倍为基础，在1.5—2.0倍中选择适当的标准。

个人价值（PV）

没有使用价值，就没有个人价值；谁使用，谁付费采购服务结果。个人价值就是员工付出劳动成果，被采购方使用，提供服务结果的使用价值

第六章 个人利润（PPS）

总和。例如，张山本月提供了以下服务：

（1）老板要张山本月举办一次管理层培训，付费1500PV采购；

（2）华东销售部需要张山本月招聘5名销售员，销售员转正即付费1000PV采购，招聘5名销售员共5000PV；

（3）客户赵总请张山本月举办一次公司团建活动，付费2000PV采购。

因此，如果张山顺利完成上述采购约定结果，张山本月累计个人价值PV为8500元。

个人利润（PPS）

个人利润，才是员工给企业创造的实际价值。个人价值，只是员工给企业付出的劳动成果，并不是员工的实际价值。例如，在上述案例中，张山每月的基本工资是5000元，每月人力成本PC是7500元，当月个人价值PV是8500元。由此，我们可以计算出：张山当月PPS=1000。

个人利润才是员工的实际价值，证明了三个真相。

第一，同样一名员工，在不同时间和环境下创造的个人价值可能不一样，实际价值不一样。例如，张山7月招聘10名销售员，个人价值是10000，个人利润是2500；可能8月招聘20名销售员，个人价值是20000，个人利润是12500；可能9月招聘5名销售员，个人价值是5000，个人利润是–2500。

第二，即使每个人的个人价值一样，但每个员工的人力成本不一样，员工的实际价值也不一样。例如，张山每月的基本工资是5000元，每月人力成本为 7500 元；他的同事李斯每月的基本工资是 8000 元，每月人力成本为 12000 元。假定两人在 7 月的个人价值都是 10000。7 月，张山的个人利润是 2500，李斯的个人利润是 –2000。

第三，员工的实际价值，就是个人利润，必须及时激励、强激励。上述案例中，按照传统绩效考核的弱激励，张山在 7 月会获得表扬，8 月会获得 500 元奖励，9 月会得到领导批评。按照个人利润考核结果的激励制度，张山的月度和月度奖励包关联，季度累计数和季度奖励关联，年度和薪资标准、职级关联。

2. 个人利润的三大底层逻辑

工资不仅交换时间，而且交易结果

（1）**工资是什么**？按照百度百科的解释：工资即员工的薪资，是固定工作关系里的员工所得的具有发放的时间规则的薪酬，是雇主或者法定用人单位依据法律规定，或行业规定，或根据与员工之间的约定，以货币形式对员工的劳动所支付的报酬。

相当一部分员工对于工资的理解，就是我上班了，干满了 8 个小时，老板就应该给我发工资。一部分老板都经历过这样的现实场景：当发生劳资纠纷时，员工只要证明每天 8 小时在上班，就可以证明员工有权利获得工作时间内的工资报酬。至于 8 小时干了什么事、有什么结果、有什么业绩，基本被忽略了。

（2）工资的本质是什么？ 根据政治经济学定义，工资本质上是劳动力的价值或价格。也就是说，工资不仅交换时间，而且交易结果。

同样地，对一个员工工作的评价，客观上不是用时间评价，不是用努力评价，不是用过程评价，而是用结果评价。例如，企业给张山支付了一个月工资5000元，张山在一个月内的工作价值如何衡量？用结果指标衡量，来评估张山给企业创造了多少价值。

个人利润决定企业利润

企业的根本是服务客户，经营赚钱。企业要获得利润，需要每个人都能创造利润，个人利润决定企业利润。如果每个员工创造的个人价值不够支付个人工资、支付人力成本，就证明每个员工都是亏损的，企业不可能盈利。

使用价值，是个人价值的直接体现。没有使用价值，就没有存在价值，就没有个人价值。一个企业，没有用户使用它提供的产品，就没有存在价值，从市场上消失只是时间问题；一个老师，没有学生听他的课，就要失业了；一个员工，老板没有使用他，部门领导没有使用他，本部门员工没有使用他，其他部门员工没有使用他，用户没有使用他，这个员工在公司还有存在的价值吗？

一个员工个体的价值，不是有多高的学历、多牛的从业背景、多强的职业能力，而是在当前的企业环境中，有没有人使用他，他能不能被他人使用，为他人提供他需要的支持。使用价值，是个人价值的直接体现。谁使用你，谁付费采购你的结果。

个人利润决定企业利润，个人利润的核心在于个人价值。只有个人价值大于人力成本才有利润，只有被采购、被使用才有个人价值；人人都主动被使用、被采购，个人才能获得利润盈余，才能获得超过工资的更多的收入。人人赚钱，企业肯定赚钱。

让员工主动合作主动干

陈春花教授认为管理要解决两个问题：

第一，让一群人在共同去做一件事情。

第二，让大家在做这件事情的时候，都能够发挥作用，并且创造价值。

在企业管理理论和实践中，如何提高员工的主动性、创造性一直是一个难点，尤其是企业的脑力劳动者，比如广告策划、平面设计、软件开发、技术研发、产品设计、商务服务、新媒体运营、管理咨询等技术服务人才，对企业管理者和HR提出了新挑战，这些新生代人才的产出绩效和员工的主动性、创造性密切相关。如果不考核员工，就无法产生预期的绩效；而传统绩效考核方式，不仅限制了员工的主动性，更限制了很多天才的创意。

个人利润决定企业利润。员工只有主动要求工作，主动创造，才能创造个人利润。个人利润的核心目标是："员工主动合作主动干，让劳动者成为奋斗者。"

总结一下：个人利润是以人力成本为基准坐标，以采购结果为个人价值标准，核算个人利润，评估员工的实际价值和实际收入，实现员工主动合作主动干，让劳动者成为奋斗者的目标。

3. 个人利润的适用场景

更适合定工资标准

一般一个新员工到公司入职，谈及薪资要求从来都是越多越好，甚至很多人专门研究和老板谈薪资的"葵花宝典"。另外，每年春节过完，大部分员工都认为要加薪了，企业老板和HR似乎也认为加薪是天经地义的事。大家认为的加薪依据是什么？是资历！好歹又干了一年，论资历也该加薪了。

为了让一群人在一起共同去做一件事，肯定要发工资，制定合理的薪酬考核制度。有人工资高，但不一定干活多；有人工资低，但干活多，为公司贡献大。如何让好人不吃亏，懒人不占便宜？

如何给新员工定工资标准、新员工的转正标准是什么？员工加薪的标准是什么？个人利润的实施，让员工所有的个人价值和个人利润得以数据化，根据PPS数据定工资标准、定加薪标准，将成为未来所有企业标准范式。

更适合定考核标准

某公司人事部有4名员工，1名总监、1名绩效经理、1名招聘主管、1名培训主管，第二季度该部门获得了20000元的季度奖。如何分配20000

元奖金，大多数企业都是按照惯例操作，主管职级系数1、经理职级系数2、总监职级系数4，总系数8，最后两名主管各分2500元奖金、绩效经理分5000元奖金、总监理所当然分10000元奖金。

这就是传统绩效考核的激励方式，要么是弱激励，要么以管理者的利益为主，呈现"大锅饭"的特点。个人利润的实施，不仅涉及工资收入的调整，也涉及季度奖金、年度分红和职位职级调整。更适合激励员工潜能，是因为个人利润的实施可以做到以下四点：

第一，按照每月PPS盈余确定收入。每月根据员工的PPS值，按照既定的奖励分配方案，确定当月奖励额度。简单直接和公开透明的游戏规则，员工更愿意参与。

第二，按照季度PPS盈余确定奖金。每个季度按照员工的季度PPS盈余确定奖金的分配方案，打破了科层组织中管理层利益优先的潜规则，公平公开的游戏规则让基层员工更有主动性。上述案例中，假定人事部4名员工的季度PPS利润盈余值是总监2000、经理2000，两名主管都是3000。按照利润盈余定奖金的分配方案。最后的奖金分配应当是总监4000元、经理4000元、两名主管每人6000元。

第三，按照年度PPS盈余确定分红。管理层年度经营分红怎么分？再也不能按职级分配了，按照员工的年度PPS盈余，确定年度经营分红的分配方案。

第四，按照累计PPS盈余确定职级。如何给员工定职级、定职位，定职级对应的工资标准是什么？在考核期的12个月、24个月、36个月内，根据累计 PPS 盈余定职级，更能激励员工。

更适合中小企业应用

在"绩效考核为什么无法考核"部分我们讨论过，传统绩效考核的工具 KPI、BSC（Balanced Score Card，平衡计分卡）、OKR（Objectives and Key Results，目标与关键成果法）更适合大型企业，不一定适合中小企业。而个人利润不仅适合大型企业，也适合中小企业。这是由个人利润 PPS 的底层逻辑决定的。

第一，内部市场化、员工主动干。实施个人利润，是在企业建立了一套内部市场化的交易关系，员工和领导关系不再是管理和被管理的关系，而是采购和被采购的关系。领导成为拥有采购权的客户，员工自己也可以采购其他人的服务，员工被使用被采购的收费越多，收入就越多。对于想获得更多收入的员工、想获得更多成长的员工而言，个人利润提供了一个公开透明的内部市场机制，这些员工更愿意从劳动者成为奋斗者，主动服务主动干。

第二，简单易操作、考核利润化。实施个人利润 PPS 的关键是设置内部采购标准，也就是个人价值 PV 的具体构成。明确了内部采购标准后，配合我们研发的 PPS 云系统，所有的采购项目自动发布、自动交易，及时记录全员全过程的经营活动。不受企业规模、组织层级、管理人员素质等限制，对企业尤其是中小企业实用性强。

第三，系统定绩效、管理零成本。实施个人利润 PPS，不需要面对层层分解的指标博弈，不需要每周、每月召开沟通会，系统随时产生所有的交易记录，每月系统自动生成每个人的个人价值和个人利润。这彻底解决了传统绩效考核实施成本高、沟通成本高的问题，同时也解决了领导考核员工，员工被动考核而不接受考核结果的"痛点"。

4.PPS 提升了组织效率

员工定义：从被管理者到个人经济体

实施 PPS，就是将员工从被管理者定义为个人经济体。作为个人经济体，不仅自我雇佣、自主自治、自负盈亏，还有责任、有能力、有权力处理自己的问题。这个简单的转化让所有人从我们组织里根深蒂固的家长和孩子的关系中脱离出来，重新建立起员工与组织之间自组织、自管理、自驱动的关系。在这样的关系中，每个人都有权力管理自己为组织的目标服务。

当员工是被管理者时，只需要按管理者的指令执行，不需要关注客户服务、工作结果、收入利润，有困难有问题找管理者解决，也不用关心每个月自己的劳动价值是否能赚回工资及人力成本。

当员工是个人经济体时，每个人首先考虑是否能赚回人力成本，能否在人力成本的基础上实现自负盈亏，并且获得更多 PPS 值，赚到更多的个人收入。这就要求员工为组织提供更多使用价值，能被组织采购服务，员工也要对这些采购结果负责。每个员工都主动合作主动干、对结果负责，既减轻了老板的负担和压力，也让公司上下变得越来越善于学习和成长，适应市场和客户的能力越来越强。

组织职能：从管理激励到平台赋能

在企业内部，新生代的员工越来越多，绩效考核的对象是不一样的。新生代员工对一个组织的要求是什么？是宁愿失业，也不能容忍自己的价值被忽略；崇尚参与，而不是自外而内地灌输与命令。如果一个组织能够尽可能地实现他们的这种要求，那么这个组织就能够留住和沉淀下优秀的人才，这是客观的环境和主观人的变化的要求所致。结合起来就是，**未来企业最重要的功能是什么，是赋能，而不是管理**。只有赋能型的企业，才能够适应数字时代的变化，同时也符合新一代年轻员工的需求。

企业需要重新审视新生代员工，重新定义员工。他们不再是简单的劳动者，人力资源，而是有创意、有独立性的个人经济体。通过平台赋能，让新生代员工从劳动者成为奋斗者，不仅是为自己干，而且是主动合作主动干。

组织结构：从科层管理到经营单元

传统的科层管理型组织结构的特点是以老板为中心，以老板的适配性组建职能部门，职能部门的内部再设置管理层级：总监、副总监、经理、副经理、经理助理、主管、员工。科层组织让企业更像一个管理与被管理的政府机构，指标层层分解下达的计划经济体。

实施PPS就会发生内部交易、采购关系，组织结构定义了角色职责和采购关系。实施PPS带来的组织关系的改变，要求组织变革为："企业必须从以老板为中心转为以客户为中心；员工必须从对领导负责转为对客户负责。"对客户负责包括外部市场客户和企业内部采购服务的客户。传统的科层管理组织结构已经无法实施 PPS，必须适应 PPS 实施的需要，将组织结构调整为经营单元型组织结构。实施 PPS 从三个层面彻底改变了传统企业的组织关系：

第一，从管理指令官僚化到内部交易市场化；

第二，从被动干的 KPI 绩效指标到主动干的 PPS 采购标准；

第三，从交付工作对领导负责到交易结果对客户负责。

组织关系：从交付工作到交易结果

组织结构定义了采购关系。经营单元型组织结构，不再是直线管理，而是多维度的采购关系，包括平台采购、单元采购、外部采购。采购关系的存在，本质上是将员工与公司的关系，从接受领导管理执行的交付工作关系，转变为服务客户的交易结果关系。交付工作与交易结果的差异如表 6-1 所示。

表 6-1 交付工作与交易结果的差异

	交付工作	交易结果
工作的界定	可能交付工作计划、工作过程、工作结果	直接采购结果
付费方式	不付费，综合评估，鼓励为主	谁采购谁付费，直接按结果付费
谁使用服务	直接主管发布工作指令，不能越级，也不能跨部门	可能是本部门采购，更多可能是平台采购、单元采购、外部采购
组织关系	管理关系为主 上级管理下级，下级服从上级	交易关系为主 内部市场化，采购方就是客户
员工主动性	听领导的，被动听指令的劳动者，被动考核被动干	听客户的，主动求采购的奋斗者，主动服务主动干

三、如何定 PV 采购标准

根据 PPS 公式，个人利润 = 个人价值 – 人力成本。人力成本是基本工资的 1.5 倍，是相对固定的部分，个人价值是变动部分。个人价值就是员工给企业付出的劳动成果，是被采购方使用，提供使用价值的采购总和。要计算个人价值，就必须讨论：如何制定每个工单的 PV 采购标准？PV 采购标准的制定遵循三个基本步骤：

第一步：分角色；

第二步：分结果；

第三步：分标准。

以伯格联合公司平面设计师为例，供读者理解按照分角色、分结果、分标准的步骤，设置 PV 采购标准，具体如何设置，我们会详细介绍。平面设计师的 PV 采购标准如表 6–2 所示。

表 6-2 平面设计师的 PV 采购标准

分角色：角色定义	分结果：采购结果	分标准：采购标准
主要角色：平面设计	结果 1：图片、海报的平面设计	A 类：原创图片类 1000PV B 类：产品长图类 500PV C 类：加工新图，每张 100PV
	结果 2：日常修图、改图	每月 1000PV
次要角色：技术支持	结果 3：产品宣传资料平面设计	A 类：原创图片 1000PV B 类：产品长图类 500PV C 类：加工新图，每张 100PV
	结果 4：会议 DJ 支持	3 天 2 夜，1000PV
	结果 5：办公室技术支持（电视、音响等）	每月 500PV
	结果 6：产品宣传视频剪辑	A 类：编辑＋剪辑 500PV B 类：剪辑视频 3 分钟 200PV C 类：剪辑视频 1 分钟 100PV
转换角色：短视频运营	结果 7：抖音号短视频运营	每个粉丝有效表单 100PV

1. 第一步：分角色

岗位与角色

一家公司发布了如下新媒体运营主管的岗位职责和任职能力要求，不久，公司顺利地招聘了一名新媒体主管赵威。

岗位职责：

（1）负责制定并执行新媒体年度及阶段性传播策略，并对运营流量增长指标负责；

（2）负责微信、微博、今日头条等新媒体的运营，熟悉信息流和自媒体投放渠道；

（3）规划并运营公司网站、公众号等自媒体，提高公司及产品影响力；

（4）负责运营数据整理、追踪、分析，按时提交统计表单和分析报告，并提出改进方案。

任职能力要求：

（1）本科及以上学历，新闻学、传播学、策划管理和网络营销等相关专业优先；

（2）有3年以上新媒体策划、执行和推广经验；

（3）熟悉微信、微博、今日头条等社会化新媒体营销，有自媒体资源优先。

3个月以后，公司让新媒体运营主管赵威支持产品部门，做一个产品视频资料并全网宣传。赵威委婉地表示：第一，自己的岗位是新媒体运营总监，没有时间做产品视频资料；第二，自己的任职能力是文案策划和公众号运营，对于短视频的拍摄、剪辑和全网运营不熟悉。建议老板再招聘一名短视频专业人才支持产品部门。

在企业管理实践中，"工作岗位"是一个常用词语。每家公司发布招聘广告时都是发布的招聘岗位，详细说明了岗位职责和相应的能力要求。一些企业为了提高管理效率，专门聘请专业管理咨询公司提供支持，管理咨询公司接受企业委托后，无一例外地先要设计公司管理组织架构、管理层级、汇报关系，然后设计岗位、设计每个岗位的岗位职责说明书、明确规定直接上司是谁，直接下属是谁，再依据经营计划制定每个岗位的绩效考核KPI指标。中小企业定岗位有以下三大局限性。

第一，公司有差异性。大公司人才济济，岗位齐全，仅人事部门就分为招聘岗、培训岗、绩效岗、员工关系岗，招聘岗又细分为销售招聘岗、技术招聘岗、管理人员招聘岗。一个100人的小公司，HR主管既要负责全部的人事工作，也要负责部分行政工作。如果学大公司按岗位配置人员，人事部至少需要5名人员，一般中小企业不可能有这么大的费用支出。中小企业的特点只能是一人多岗，一人身兼数职，这是由中小企业的成本压力决定的。

第二，管理有灵活性。比如，按照管理层级要求，新媒体运营主管向总经理汇报。在实际工作中，赵威要支持会务部门现场拍照和会议宣传，这时，赵威做好会议宣传的工作要么对总经理负责，由总经理负责审稿，导致总经理事无巨细；要么对会务负责人负责，由会务总监负责审稿并考核稿件在全网营销的效果。工作的灵活性要求我们在企业管理实践中，不再只是接受直接领导的指令，而是能支持多维度的工作需求。只有打破传统的科层组织管理模式，摒弃岗位职责和层级管理的固有思维，才能让企业具有运营的灵活性，老板才能得到解放。

第三，员工有成长性。公司要发展，必须与时俱进；员工要发展，必须能力同步成长。比如过去的新媒体是以微信、微博为主战场，随着短视频和直播的崛起，赵威的个人能力必须随市场环境变化而提升，不仅搞定文案策划、微信公众号运营，还要学习短视频和直播运营。学习能力是每个员工、每个企业必须具备的基本能力。但岗位职责却让一些不愿学习进步的员工有了借口："我的职责是微信运营，不会做短视频。"他们不仅拒绝学习和成长，也拒绝了和公司一起成长，企业不可能有创新增长的活力。

中小企业管理实践中，给员工定岗位、定职责、定考核指标带来的结局，就是许多员工像赵威一样，只扫门前雪，不愿做本岗位以外的工作，也不愿学习新的知识和技能，如何解决这些问题？

不仅定岗位，而且要定每个岗位的角色，角色是什么？

我们日常工作中就存在角色的问题，前面的案例中赵威的岗位是新媒体主管，在公司内部，赵威还是文案策划师；赵威还是每月给员工培训新媒体运营的赵老师。赵威的岗位不能清楚表达赵威工作内容，我们用角色来表达比较精准。

角色就是不同场景下需要承担责任和义务的个体

在企业内部，角色就是实现组织目标需要的个体行为能力产生的预期结果。企业的目标是由实现目标所需要的各种角色来完成的，各种角色是围绕企业实现目标所需来定义的。个体是基于企业组织目标被招募加入企业的，来担当那些任务的。企业组织目标层层分解，就会产生很多部门组织目标、小组目标，企业各级组织目标的多元化，决定了每个员工在企业中，会有不同的角色来完成目标。例如，平面设计师康康就有三个角色，平面设计、技术支持、抖音短视频运营。

角色定义：主要角色、次要角色、转换角色

现实的企业环境中，个体和他们所担任的角色常常混淆不清。而这种混淆给人和企业在许多方面都造成了限制。例如，个体的情绪及其担当的角色的情绪常常很难区分。有些时候，组织生活中的冲突其实只是岗位导致的，而我们却把它误认为是人际关系的冲突。

本书作者之一刘少华老师是伯格联合的创始人兼CEO、单元合伙和PPS开创者，也是首席讲师兼咨询师。如果不能将角色定义清晰，就会造成作为讲师的刘老师在上课时，一方面，没有人敢提出改进意见，因为所有人认为刘老师是CEO，不好提出批评意见；另一方面，只要是刘老师主讲的课程，所有人都会等待他的工作安排，因为所有人要听CEO的指令。

如果将课程期间刘老师的角色就是讲师这个角色定义清楚，按照讲师的要求和标准统一考核评估，一方面，专业的课程产品经理会提出优化方案；另一方面，研讨会的负责人是会务总监，作为讲师只有完成他的采购计划，才能获得课酬。这种被管理和被"包养"的感觉，让刘老师的内心觉得很轻松，小伙伴也愿意主动承担责任，达成目标。

角色定义就是清楚地定义了每个职位所需要承担责任的角色，每个角色需要提供被使用、被采购的工作结果。这样每个岗位的职责和职权就不再模糊不清，并结合企业的实际情况，不断发展充实每个角色定义。采购标准中的分角色就是将每个岗位分为主要角色、次要角色、转换角色，并按照每个角色明确定义结果。

（1）**主要角色**。每个职位承担组织目标的主要工作职责所需要的角色。例如，平面设计师康康的主要角色是平面设计。

（2）**次要角色**。每个岗位承担组织目标的次要工作职责所需要的角色。例如，平面设计师康康的次要角色是技术支持。

（3）**转换角色**。根据企业发展需要，每个岗位个人能力成长将要承担的角色。例如，平面设计师康康的转换角色是短视频运营，如果康康不能转换角色，要么公司增加短视频运营岗位，要么康康不能适应企业发展被淘汰，这种结局对公司、对个体都不利。每个岗位只有明确定义转换角色，才能让每个人成长，才能让企业实现增长。如表6-3所示。

表6-3　角色定义样本

角色定义样本
岗位：平面设计
所属单元：新媒体运营组
直属主管：新媒体运营组组长
工作职责：支持公司宣传和产品宣传，设计图片、设计海报
工作职权：对平面设计提供专业建议权
主要角色：平面设计
次要角色：技术支持
转换角色：短视频运营

（4）**采购关系：平台采购、单元采购、外部采购。**

使用价值，是个人价值的直接体现。谁使用你，谁付费采购你的结果。在PPS的实践中，每个人都存在三个维度的采购关系。

①平台采购。采购方为公司平台核心层，或者平台职能服务部门代表公司平台采购服务。例如，老板要张山本月举办一次管理层培训，采购付费1500PV。

②单元采购。采购方为执行层面的经营单元内部采购，或者其他经营单元采购。例如，华东销售部需要张山本月招聘5名销售人员，采购付费每人1000PV，共5000PV。

③外部采购。采购方为企业外部机构和公司客户，按照市场化付费方式采购。例如，客户赵总请张山本月举办一次公司团建活动，付费2000PV采购。

2. 第二步：分结果

过程与结果

企业实践中，管理思维重过程，经营思维重结果。经营就是明确要达成的目标，作具体的决定，配置资源，采取行动，以及各种行动之间的协调，最后得到预期的结果。管理是组织结构，以及与之相应的职责、职权和制度要求和流程设计。我们知道，企业的本质是经营，而不是管理。企业必须是经营思维重结果，以结果作为人才评估的核心标准。

传统绩效考核被管理思维主导，层层分解了很多KPI指标，一部分是个人素质指标，一部分是胜任力指标，一部分是业绩指标。即使是业绩指标，也有部分是过程指标，涉及的结果指标不多。评估一个人，是看他的个人素质和能力，看他的工作过程，还是看他的工作结果？当然是结果。

工资的本质是什么？工资不仅交换时间，而且交易结果。

要理解交易结果，我们首先要厘清一个认知：**管理不用对错评价，其实用结果来评价**。很多人对管理的对错的关注实际上是非常高的，可是我们对结果的关注不会那么高。所以，我们就会发现，以结果为导向的管理，绩效是非常明显的，以对错来做导向的管理其实它就没有那么明显，甚至会带来内耗。

采购工单，就是采购结果

采购工单是采购方发出的采购服务结果的要约。采购工单主要内容包括接单人、采购结果、交付标准、工期时间、采购价格。采购工单的分类有以下两种。

（1）采购工单按照采购性质（标准化和非标准化）分为标准工单和非标准工单。

标准工单：按照采购标准执行的工单，采购标准是企业内部协商一致，统一发布的标准。标准工单是采购工单的主要工单类型。例如，设计图片的采购标准 A 类：原创图片 1000PV；B 类：产品长图类 500PV；C 类：加工新图，每张 100PV。

非标准工单：以相关的采购标准为基准，采购双方协商定价的工单。非标准工单只要双方认可就是有效工单。例如，运营主管向康康发出采购工单"周四晚上技术支持产品直播"，双方协商采购定价标准 150PV。

（2）采购工单按照采购频次分为常规采购和临时采购。

常规采购：每月需要采购的服务，或者月度计划内采购的服务。例如，平面设计师每月修图、改图的采购标准是 1000PV。

临时采购：不是每月采购的服务，也不是月度计划内采购的服务。例如，课程产品经理给康康发工单，临时采购"设计《PPS 实操班》课程海报"，采购定价 500PV。

根据标准化和采购频次两个维度，在 PPS 实操中分为 4 类采购工单。

A 类工单：常规性的标准化工单；

B 类工单：临时性的标准化工单；

C 类工单：常规性的非标准化工单；

D 类工单：临时性的非标准化工单。

采购标准主要是制定 A 类工单、B 类工单的标准，C 类工单和 D 类工单以采购双方协商定价为主。如表 6-4 所示。

表 6-4 采购工单样本

采购工单样本	
接单人	平面设计师康康
采购结果	设计《PPS 实操班》课程海报
交付标准	1.PPS 标志蓝色为主，版面文字和人物图片空间合理 2.PPS 的 slogan：绩效考核货币化、个人利润决定企业利润 3.设计方案修改，最终获得采购方的认可
工期时间	1 月 20 日至 21 日
工单类别	□标准工单 □非标准工单 □常规采购 □临时采购
采购价格	B 类 500PV

工单采购的3个基本原则

第一，标准工单为主，非标准工单为辅。制定PV采购标准的基本程序是：每个职位细化为主要角色、次要角色、转换角色；每个角色细化为工作过程和工作结果；每个结果细化为采购标准。

企业内部的工单采购以标准工单为主，非标准工单为辅的原则。实施PPS的第一准备工作就是设置PV采购标准。非标准工单太多，将会导致两个负面问题：第一，采购双方不断地谈价格、谈买卖，过度的市场交易会影响相互的信任和合作；第二，对于只有1人的职位，非标准化工单可能导致服务方哄抬物价，增加企业成本。当然，采购标准有一个测试的过程，在前期PPS试点时，采购标准PV可能调高，也可能调低。

第二，采购结果为主，采购过程为辅。采购工单就是采购结果。但在实际环境中，不可能100%做到采购结果，也需要考虑采购过程。有时候，有过程才有结果。因为有的过程指标和结果指标高度关联，并且过程指标其实也是阶段性的结果指标。

第三，申请工单为主，被动接单为辅。科层管理组织的KPI绩效管理，员工被动接受KPI指标，有些指标甚至是领导强压给员工。很多企业老板习惯了像生产队队长一样给下属安排工作、下达工作指标，员工也习惯了被动接受被动干。领导不安排工作，肯定不干；领导即使安排了工作，也要看心情再干。

PPS的底层逻辑是让员工主动合作主动干。每个员工要想多赚钱，必须为采购方提供服务获得更多采购工单。就像企业订单是以主动销售为主，被动接受订单为辅一样，PPS采购工单要求员工主动向采购方申请工单为主。员工没有工单或者工单量少，导致个人收入减少，只能说明这名员工要么工作不主动申请工单，要么工作结果没有被认可。

3. 第三步：分标准

指标与标准

美团管理100万名配送员是用指标还是用标准，是用标准：外卖配送费标准5元，美团给配送员补贴3元，每单配送员收费8元；网约车管理1000万名网约车司机是用指标还是用标准，也是用标准：按照客户服务费的77%给网约车司机。

现代企业习惯用一大堆指标管理员工。比如银行考核职员时，会用到存款指标、贷款指标、信用卡指标、理财产品指标等；KPI绩效考核也是将企业目标层层分解为部门指标、个人指标。员工的理解是，领导指标下达了，该给领导干活了，员工处于被动考核被动干的状态。

要想员工从被动干到主动干，企业组织的功能不是管理员工，而是为员工赋能。建立赋能型组织，不是企业单方面为员工提供支持和服务，而是要建立内部市场交易机制，通过货币化交易，让每个人都能被使用成为服务者，每个人的劳动成果都能按市场化的价格交易采购。这就必须建立一套内部市场化的采购标准。

绩效指标是为领导干，是企业计划管理的附属品；采购标准是为自己干，是企业内部市场交易的衍生品。

采购工单三大定价准则

第一，基本定价准则：近似的正确好过精确的错误。在财务管理实践中，一套设备原值100万元，按10年折旧分摊费用，每年设备的折旧费10万元。实际上，每年10万元折旧不一定是真实的设备价值。过去我们习惯用KPI指标，层层分解的KPI指标好像很精确，但已经不适用中小企业的管理实践，只是一个精确的错误指标。

事实上，没有绝对精准的产品价格，也没有绝对精确的采购标准。如果实施PPS是一个正确的选择，制定采购工单价格的基本准则是，不要用高昂的管理成本评估结果，近似的正确好过精确的错误。

第二，采购定价准则：以人力成本为基准。采购工单是以采购服务为主的工单，服务定价的难点在于无法精确量化。在制定采购标准，对采购服务定价时以全职人员人力成本为定价基准；以采购结果需要的服务时间为定价基础，可以获得一个近似的正确定价。但是，要想获得更近似的定价，需要对采购服务分级，按分级服务标准定价，此方面下文会讲。

有一次，我们举办研讨会，临时安排公司新媒体运营组的小明拍摄了一天的现场研讨会录像。会后小明提出一天的现场录像，采购服务要按照2000PV的标准支付给他。应该给小明支付多少PV？我们为此作了一个专题讨论。

小明的观点是，找一个外部的摄影师，拍摄一天的会议录像，需要付2000元现金，所以，小明认为定2000PV是合理的。而PPS咨询团队认为，采购服务有内部采购和外部采购的区分，外部采购摄影录像服务与内部采购有如下差异。

设备不一样、质量不一样：外部采购的摄影录像是高清设备，内部采购的设备是单反相机。

技术不一样、职业风险不一样、服务价格不一样：外部采购的摄影师技术专业，但是他的工单都是以标准化临时性为主，有时接单很多，有时接单很少，专业技术和职业收入风险高注定了市场价格偏高；而小明的主要角色是新媒体运营，公司内部采购了他的常规性服务，工单相对均衡，职业风险低。这次只是临时采购他一天的服务，采购价格肯定也偏低。

双方讨论的结果是，假定公司聘请一名资深技术水平、全职上班的摄影师，每月基本工资需要1万元，每月人力成本是15000元，按照每月21.75的工作日计算，平均每天的人力成本约为690元。最后，小明的采购价格按照700PV支付。

第三，销售定价准则：以销售奖励标准为基准。销售人员需要PPS评估吗？如果公司每月给销售人员支付基本工资，就需要PPS评估。比如，我们公司有一名销售人员小孟每月的基本工资是5000元，人力成本是7500元。一个月内，小孟的工作结果有两种可能：第一，销售业绩每月超过10万元；第二，销售业绩每月不到5000元。无疑，第二种可能带来的后果是，扣除产品成本、管理成本、营销成本，小孟每月的人力成本是亏损的，小孟每月产生的劳动成果不够支付7500元的人力成本。

销售人员是按销售结果考核的，如何对产品销售的结果制定PV标准？以销售人员的奖励标准为基准。例如，小孟7月销售了《单元合伙创新班》4个，每个9800元；《单元合伙模式班》1个，每个29800元；《PPS实操班》2个，每个10000元。上述产品的销售奖励标准是10%，也就是说，小孟7月的销售额是89000元，奖励提成是8900元。注意：一方面，公司要支付小孟8900元的现金奖励；另一方面，产品销售按照奖励标准计算PV采购标准的准则，小孟7月的个人价值是8900PV，减去7500元人力成本，7月PPS是1400元。如果按照PPS的奖励规则，小孟不仅获得5000元工资、8900元提成奖励，还有PPS考核奖励300元。同样的工资级别，多销售产品和少销售产品，不仅奖励提成有差异，PPS奖励也有差异。

销售产品以销售奖励标准为基准的原则，也会激励非销售人员一起销售产品，全员参与全员营销。比如，平面设计师康康直接或者间接销售产品，不仅参与分配销售奖励，也可以增加PV值，提高PPS值，增加收入。

决定采购价格的五大因素

第一，北极星指标是核心采购价格。北极星指标就是整个组织指向统

一、走到终点、杀出重围的指标。北极星指标有多重要？例如，MySpace公司运营的主要指标是"注册用户数"，而Facebook将"月用户活跃数"作为主要指标，两者差别在哪里？MySpace号称自己有100万名注册用户，但是真实付费的用户是多少呢？Facebook的月活跃用户数指标则真正指向了持续的活跃用户的增长，指引着决策方向，指导企业高效率运营。

北极星指标不是KPI指标，北极星指标通常就是企业唯一的核心指标，就是定采购标准的核心指标。KPI考核是通过层层下达指标的方式，完成战略目标；PPS则是以北极星指标作为核心采购标准，通过市场化的采购价格调整机制，完成企业战略目标。比如，伯格联合的北极星指标是《单元合伙创新班》企业老板数，基础课程《创新班》的产品单价是9800元。正常情况下，销售产品的采购标准PV是10%，但作为北极星指标，销售这个产品的采购标准是20%，也就是每销售一单获得的PV是1960元。

第二，技术等级决定采购价格。采购服务，就是采购不同的技术等级的服务，技术等级不同，采购标准不同，技术等级决定了采购标准的价格。比如，康康是平面设计师，设计产品宣传资料的采购标准是图片A类：原创图片类1000PV；B类：产品长图类500PV；C类：加工新图，每张100PV。决定采购标准的就是技术等级，A类原创图片技术要求高；B类产品长图技术要求次之；C类加工新图技术要求低。

第三，交付标准决定采购价格。实施PPS定采购标准PV，在完成采购服务、交易结果时，交付标准包括：交付的时间要求、交付的质量要求、交付的细节要求等，交付标准越高，采购价格越高。

第四，常规性服务"打包"定价。采购服务不可能事事采购，如果事无巨细都要发布采购工单，不仅增加管理成本，也会因为"斤斤计较"影响内部的合作。通过常规性服务打包定价就解决了这个问题。例如，平面设计师每月需要配合所在业务单元，零星的修图、改图、改字体，不可能改一张图 30PV、改三个字 10PV，将这个常规性服务"打包"，每月按照 1000PV 的采购标准支付给设计师。

第五，双方协商定价格定标准。采购服务定价是一个实操性、实用性很强的事项，最后还是由采购双方协商定价。协商定价的基本规则是，以外部市场价格为基准，采购方是企业内部采购，参照内部采购服务协商定价；采购方是外部客户，参照外部市场价格协商定价。例如，设计一个新产品海报，市场价格是 3000 元，如果是内部采购协商定价 1000 元，外部客户采购协商定价 3000 元。

采购工单的三种发布方式

有了采购标准和采购工单，谁发布采购工单？个体如何获得采购工单？采购工单有以下三种发布方式。

第一种：定向采购。服务方直接向采购方提出采购服务的申请工单，或者采购方直接向服务方发工单，定向采购是获得采购工单的主要方式。

第二种：招标采购。当服务方多，超过两人，并且对采购服务的实施工期、采购价格、交付结果标准都有一定要求时，采购方可以在 PPS 云平台上发布招标采购工单。服务方根据采购方的招标要求，选择是否接受工单。对于服务方多的组织单元，招标采购不仅公开透明，也让组织内部的竞争趋于公平、合理。

第三种：项目采购。采购工单不是一个单项服务，而是一个项目，项目采购实施中将会发生二轮采购、三轮采购。

比如，我们需要举办一场100人规模的研讨会，大部分企业在举办类似活动时，会安排副总裁级别高管人员作为总负责人。原因是这类活动涉及会务、销售、客服、产品、宣传等多部门、多职位人员，谁也不服谁，谁管都难管。研讨会期间有人迟到，有人早退，以及其他违纪现象经常发生。

采用PPS项目采购，一切变得简单起来。会务主管小杜，一个大学毕业不久的年轻女生，作为研讨会项目负责人，按照每人100PV的标准，本次研讨会100人，给本次研讨会的项目采购价格是10000PV，小杜获得10000PV成了项目采购方，可以搞定整个会务系统的人员。她开始了第二轮采购，向康康发布了一个采购工单：会务现场DJ技术支持，采购价格1000PV；也向小孟发布了一个采购工单：会务现场布展，采购价格1500PV等；小孟作为采购方开始第三次采购，向康康发布了一个采购工单：产品宣传资料改版设计，采购价格500PV。

你可以不喜欢你的领导，但不可能拒绝你的客户。PPS项目采购工单，就是将过去领导指令管理的关系，改为以服务客户为中心、获得工单、提供服务结果的市场交易关系。PPS项目采购工单，将员工从不愿合作的状态，根本上调整为主动合作主动干的状态。

部分角色采购标准模板如表6-5所示。

第六章 个人利润（PPS）

部分角色采购标准
所属行业：服务业（企业咨询）　　部门：咨询中心　　岗位：助理咨询师

角色	角色定义	采购结果	定价标准	交付标准
助理咨询师	角色一：助理咨询师	协助提供私董会服务	A：提交一份框架方案 500PV B：参加一次私董会并做好行政助理工作 500PV	提交私董会框架方案
		协助提供专项咨询服务	500PV/天	指项目出差天数并配合做好协助工作
		咨询开放日服务	200PV/人	参加咨询开放日活动，每解答一名学员问题，获得200PV
	角色二：研究员	专项研究报告	A：3000PV/篇（专业深度报告） B：2000PV/篇（多文档剪辑PPT+Word） C：1000PV/篇（原文剪辑加工PPT+Word）	A类定向深度研究专业性课题，有行业数据、企业案例数据、独特的研究结论，30页PPT以上 B类定向研究企业个案或者行业，有3个以上主线，有案例、数据、观点，20页PPT以上 C类专业研究报告加工，一个核心主线，有案例、数据、观点，10页PPT以上，加公司Logo，可以作为销售素材发送给客户
		单元合伙应用研究	A：5000PV/篇（专业深度报告＋视频＋照片） B：3000PV/篇（多文档剪辑PPT+Word+视频） C：1000PV/篇（原文剪辑加工PPT+Word+视频）	A类有C类信息，深度研究企业实施结果，整理为可操作的综合技术方案，能成为行业应用技术文本，有技术方案、实施数据 B类有C类信息，重点涉及某一单元和某一技术模块应用研究，有技术方案、实施数据 C类有案例企业信息、背景、方法、结果和员工发言
	角色三：业务员	协助销售参与咨询产品成交	成交金额*0.05 PV值	销售签单

（续表）

角色	角色定义	采购结果	定价标准	交付标准
运营	角色一：副组长	运营报告	1000PV/月	每日统计运营数据提交日报
	角色二：运营	直播技术支持： 1. 直播物料制作更新 2. 直播间后台优化搭建 3. 各平台公众号宣传 4. 直播现场支持/班主任 5. 数据导出分析 6. 直播流程梳理细化 7. 录播直播工作支持	500PV/场	及时统计表单，一次技术BUG扣100PV
		创作原创文章	500PV/篇	经上级审核通过
		抖音： 1. 视频拍摄与剪辑（原创不低于2条/月） 2. 内容规划更新 3. 粉丝互动维护导流	原创视频1500PV/条 原素材剪辑100PV/条	经上级审核通过
		公众号维护	1500PV/月（500PV/账号）	公众号日常更新，内容无错误信息
		广告投放合作：素材整理与文案提供材料准备与制作，广告投放内容审核数据监控与后台维护	300PV/月	广告内容无错误信息
	角色三：会务	现场摄影摄像会务助理	1000PV/场	现场无工作失误，执行负面清单制度

第六章 个人利润（PPS）

（续表）

角色	角色定义	采购结果	定价标准	交付标准
人事主管	角色一：招聘	招聘制度及流程管理 1. 制定招聘制度和流程 2. 建立公司全部岗位面试题库 3. 招聘制度、流程实施无差错	1. 2000PV/次 2. 1000PV/次 3. 1000PV/月	招聘制度及流程须经组织部长审核通过
		招聘入职并办理完成入职手续	P2级别：500PV/人 P2级别以上：每增加一级，增加500PV（入职3天内不计）	1. 新员工薪资、入职时间、社保公积金缴纳情况、背景调查、录用审批手续、发送录用信等 2. 部门新成员入职通知、工位安排、电脑、工牌准备、门禁指纹录入等 3. 入职手续办理、员工入职资料审核
		每日按要求维护更新：招聘渠道维护、岗位发布刷新、简历筛选、面试邀约	500PV/月	未更新一次扣100PV
		形成报告文件（包含数据对比）招聘计划及人才评估报告（招聘计划、招聘数据分析、工作能力、入职率、离职率、离职原因分析、改进计划等）	A级：年度报告3000PV/份 B级：季度报告1000PV/份 C级：月度报告500PV/份	按月度、季度、年度及时完成分析报告
	角色二：员工关系	员工档案的整理及归档准确无误（电子档案、纸质档案），每周至少更新一次，每周五下班前发送给组织部部长	1000PV/月	及时完成员工档案整理，确保信息准确无误
		劳动合同、保密协议签署、入转调离手续办理、五险一金异地办理等	500PV/月	及时完成相关手续办理
	角色三：培训	支持组织培训工作（资料准备、通知等）	500PV/月	协助完成培训工作，提前准备好资料和通知
		生活团建	A类：3000PV/次 B类：1000PV/次 C类：500PV/次	组织公司团建工作：A类大型活动，B类中型活动，C类小型活动

（续表）

角色	角色定义	采购结果	定价格标准	交付标准
研究员	角色一：经营管理/基础研究	行业或企业案例研究报告	A：3000PV（专业深度报告）5天 B：1500PV（多文档剪辑PPT+Word）3天 C：500PV（原文剪辑加工PPT+Word）1天	A类定向深度研究专业性课题，有行业数据、企业案例数据、独特的研究结论，30页PPT以上 B类定向研究企业个案或者行业，有3个以上主线，有案例、数据、观点，20页PPT以上 C类专业研究报告加工，一个核心主线，有案例、数据、观点，10页PPT以上，加公司Logo，可以作为销售素材发送给客户
研究员	角色一：经营管理/基础研究	专业技术研究报告（战略定位、产品、组织）	A：3000PV（专业深度报告）5天 B：1500PV（多文档剪辑PPT+Word）3天 C：500PV（实操案例介绍PPT+Word+照片）1天	专业研究报告加工，一个核心主线，有案例、有数据、有观点，10页PPT以上，加公司Logo，可以作为课件案例或者销售素材发送给客户
研究员	角色二：单元合伙/应用研究	单元合伙专业技术课题研究	A：3000PV（实操性报告PPT+Word+照片）5天 B：1500PV（单一技术应用PPT+Word+照片）3天 C：500PV（实操案例介绍PPT+Word+照片）1天	A类有C类信息，深度研究企业实施结果，整理为可操作的综合技术方案，能成为行业应用技术文本，有技术方案、实施数据 B类有C类信息，重点涉及某一单元和某一技术模块应用研究，有技术方案、实施数据 C类有案例企业基本信息、背景、方法、结果和员工发言
研究员	角色二：单元合伙/应用研究	单元合伙行业应用研究	8000PV（实操性报告PPT+Word+照片+视频剪辑）10天	深度研究某一行业单元合伙应用技术，多单元、多岗位、多模式应用，有技术方案、实施数据、成功和失误的总结，能被行业企业通用
研究员	角色三：咨询师	协助咨询师服务客户	助理咨询师：1000PV/天 见习咨询师：500PV/天	助理咨询师，协助咨询师，负责某一模块技术和事务 见习咨询师（咨询师助理）能配合咨询师工作

第六章 个人利润（PPS）

（续表）

角色	角色定义	采购结果	定价标准	交付标准
客服	角色一：客服	库存管理	700PV/月	1. 整体病例分析客户进度统计：保证准确无误，及时上交行政 2. 特殊客户专家会诊统计：保证准确无误，及时上交行政 3. 产品进销存统计：保证准确无误，及时上交财务 4. 出现纰漏一次扣100PV
		数据统计	800PV/月	根据顾客来源信息、基本人文信息、诊疗需求、消费水平、消费情况、诊疗进度等整理每日客情，记录并及时发送客情群中
		客户服务、咨询、维护	500PV/月	1. 日常到院客户的沟通咨询 2. 重点客户的跟进维护回访 3. 定期电话回访潜在客户，了解情况并记录 4. 微型会议室的卫生维护，保证干净整洁
		配合方案约谈	800PV/月	根据医生治疗方案制作相应费用方案，配合医生进行客户方案费用的约谈，费用方案保证准确无差错，差错一次扣100PV
		美团平台维护	200PV/月	1. 美团平台日常客户的咨询回复，沟通邀约到院 2. 及时回复美团客户评价 3. 根据情况，定期更新美团页面
	角色二：销售	医院产品销售	产品销售回款总额的32%	产品销售回款
		介绍顾客到院进行咨询诊疗	奖励就诊费总额的5%	介绍顾客到院付费诊疗

（续表）

角色	角色定义	采购结果	定价标准	交付标准
物流专员	角色一：物流发货	普通物流装车	60PV/车次	保障货物发送的及时性；对货物负责，如因暴力搬运导致货物损坏的不予计次
		物流发货	10PV/辆	保障货物发送的及时性
		快递发货	6PV/次	保障货物发送的及时性
		电话客户回访	200PV/月	服务友善，如遭投诉，扣除100PV/次
		箱子统计	200PV/月	保障统计的准确性，如数据无法对账，扣除200PV
	角色二：装卸货	铰刀等所有需求件到货、卸货整理	1500PV/月	卸货、装货及时规范、根据仓库管理员要求摆放，不符合要求一次扣100PV
	角色三：仓库现场管理	仓库卫生、库存以及现场管理	500PV/月	每周检查不合格扣除250PV/次
	角色四：配件管理	质检配件外观有瑕疵	500PV/月	漏检、遭投诉扣除100PV/次
		送配件去其他车间加工	200PV/月	送件态度要好，友善与其他工友相处，发生投诉扣100PV/次
		整修配件	200PV/月	配件的维护，节约用件不做无谓的浪费，发现过度浪费扣200PV/次
		刷泥盆	40PV/件	泥盆要保证干净、整洁，并且清洗后保持场地的整洁，不达标不计件

第六章 个人利润（PPS）

（续表）

角色	角色定义	采购结果	定价标准	交付标准
质检专员	角色一：质检	自制件、外购件质检	3000PV/月	（1）每发现一件铰刀尺寸、外观不合格，扣200PV （2）每次到货后急用件立即质检，保证及时发货，其余件三天内质检完毕，否则一次扣100PV
	角色二：整理	所有到货配件归到合理位置	1000PV/月	质检后三天内归置好，每拖拉一天，扣100PV；有正当理由，每月豁免一次
	角色三：装卸货	铰刀等所有需求件到货、卸货	1000PV/月	卸货、装货及时规范，根据仓库管理员要求摆放，发现一次扣200PV
	角色四：配件管理	送配件去其他车间加工	200PV/月	送件态度要好，与其他工友善相处，发生投诉扣100PV/次
		整修配件	200PV/月	配件的维护，节约用件不做无谓的浪费，发现过度浪费扣200PV/次
		刷泥盆	40PV/件	泥盆要保证干净，整洁并且清洗后保持场地的整洁，不达标不计件

257

四、PPS 考核机制和实施

在今天互联网时代，企业面对的复杂性越来越高，透明性增强，互动愈加紧密，工作节奏加快。商业世界变得越来越充满不确定性，而企业的组织体系却没有跟上，科层制的组织体系决定了他们无法适应这些变化。任何人若想在传统科层组织体系中践行前沿理念和技术，都是一个巨大的挑战。

PPS 旨在让员工主动干，释放更多创造力，从而更好地实现企业目标。PPS 的应用和实施需要通过一些核心规则定义组织体系和运营，以这些核心规则为基础，分阶段做好组织体系的调整、实施准备的导入、实施过程的优化和实施结果的考核。这些规则包括以下要素：

（1）**组织结构**。组织结构调整以客户为中心，以经营单元为主体。

（2）**角色定义**。重新定义个体角色的职责、职权，评估个人价值。

（3）**采购标准和流程**。制定内部市场化的采购标准和采购工单流程。

（4）**考核机制**。建立 PPS 评估结果的薪酬、晋级、分红等考核机制。

1.PPS 的八大考核机制

实施 PPS 后，考核结果是 PPS 值，按照"个人利润 = 个人价值 – 人力成本"的计算公式，PPS 值就是个人的实际价值。PPS 值可能是盈余正数，也可能是亏损负数。PPS 值考核结果有以下八大应用：

（1）PPS 值公示；

（2）月度奖励包分配；

（3）季度奖励包分配；

（4）年度利润分红计划；

（5）公司持股计划分配；

（6）调整职级标准；

（7）调整薪资标准；

（8）个人价值数字化档案。

根据考核激励的时间分为：月度、季度、年度和 1 年以上。考核结果具体的应用如表 6-6 所示。

表 6-6　PPS 值考核结果有八大应用

PPS 值的应用	月度	季度	年度	1 年以上
PPS 值公示	√	√	√	
月度奖励包分配	√			
季度奖励包分配		√		
年度利润分红计划			√	
公司持股计划分配			√	√
调整职级标准		√	√	
调整薪资标准		√	√	
个人价值数字化档案	√	√	√	√

第一，PPS值公示。通过PPS值公示制度，让每个人、每个业务单元、每个部门了解PPS的真实结果，及时提醒每个人在团队中的成长和发展。

①公示方式：PPS云平台实时自动排名，或者打印文本公示；

②公示数据：月度个人PPS值、累计个人PPS值；

③公示对象：以职能部门或者业务单元为公示单位，个人PPS值排名公示；

④公示时间：系统实时排名公示、月度排名公示、季度排名公示、年度排名公示。

第二，月度奖励包分配。月度奖励包总额如何计算？月度奖励包的作用是让员工获得即时满足，建议月度奖励包原则上控制在工资总额的8%以内。原因在于许多公司都实行年终双薪的"大锅饭"制度，不如将年终双薪分解为每月的奖励包。月度奖励包以非销售业务人员为主，原则上每个部门的月度奖励额度不超过当月部门工资总额的8%。个人分配奖励包：以部门为单位，个人根据当月PPS值分配部门奖励包；个人当月PPS值为负数人员不参与分配。

第三，季度奖励包分配。季度奖励包以季度营业收入增长目标达成为前提，以季度利润增长为主要参数制定，每个人按照季度内3个月的PPS值计算分配额。

第四，年度利润分红计划。公司经营利润年度分配：公司层面实施经营利润分红制度，首先确定总经理和其他职能部门的分配比例，然后以部门为单位，以个人年度PPS值为坐标分配至每个人；业务单元BU的年度利润分红计划参照执行。

第五，公司持股计划分配。一般情况下，企业在实施员工持股计划时，主要是按照职级、部门、工作时间为依据，分配个人股份，这样容易造成职级越高，分配股份数量越多的现象，与每个员工的实际价值脱离。

按照每个员工累计PPS值作为分配股权的依据时，就会避免上述问题。例如，本年度公司计划分配的股份数是1000万股，达到分配条件的是专业技术P5级以上人员和管理职级总监级以上人员，共40人。我们依据每个人累计PPS值，分配1000万股，个人PPS值越高，分配的股权越多，甚至有的总监比副总裁分配的股权还要多。

第六，调整职级标准。以季度PPS值的考核结果为依据，评估实习期人员是否可以转正，只有在三个月内PPS值是正数时，才有可能被公司正式聘任。

对于已经转正的人员，季度PPS值为负数，需要及时提醒并改进，连续两个季度PPS值为负数，要给予降低职级标准的处分；对于季度PPS值较高且排名前列的人员，考虑给予提高职级标准的奖励。

调整职级标准，既可以参考季度PPS值，也可以参考年度PPS值。年度PPS值较高且排名前列的人员，在符合职级能力考核合格的前提下，予以优先调高职级；而年度PPS值为负数的人员，要考虑降低职级处分。

第七，调整薪资标准。在企业实践中，每年春节后，员工都期盼加薪。许多企业基本上按照员工的服务时间予以加薪5%—15%。给员工加薪的依据是工作时间和职级。实施PPS后，员工加薪不是凭资历，人人加薪、年年加薪，而是按照年度 PPS 值加薪。

①只有年度 PPS 值为正数才有加薪资格；

②依 PPS 值排名决定加薪比例，如排名前 20 的员工加薪比例 15%；

③根据年度 PPS 值决定个人加薪幅度。某员工年度 PPS 值 30000 元，他的年度基本工资总额为 80000 元，人力成本 120000 元，该员工年度加薪幅度将会超过 20%。

第八，个人价值数字化档案。过去，我们评估一名员工的工作能力，只能是凭领导的个人感觉评估；评估一名从其他公司跳槽新加入员工的实际绩效，只能看其个人简历或者听他个人的介绍。真实的个人能力和绩效，我们无法量化，也没有标准的档案记录。

实施 PPS，就是实现个人价值数字化。每个人的月度 PPS 值、年度 PPS 值、累计 PPS 值都在 PPS 云平台有完整的数据记录。这些数据记录，不仅是企业内部考核员工的数字化档案，也是员工离职后，新的用人单位评估员工历史表现的依据。通过数据联网，让每个人的 PPS 记录有据可查；对每个人的个人价值有了一个统一的数字化档案。

2. 实施前的准备

XHJ 公司创始人张先生："我们公司实施 PPS 三个月，一部分 PPS 值比较高的员工反映，PPS 太好了，不仅可以多劳多得，还主动学习成长，早应该推广实施。当然，不是所有的员工都支持，也有少量员工处于观望状态。"

团队培训，认识 PPS

在企业实施 PPS，还要确保团队成员认同 PPS。只有先认识 PPS，才能进一步认同 PPS，这需要做好企业内部 PPS 培训。团队成员学习 PPS 越深入，转变过程就越容易越迅速。团队培训 PPS 有三种方式：

（1）组织观看《个人利润 PPS》直播课堂，达到思想上的认知；

（2）组织员工参加专业的《PPS 实操班》线下课程；

（3）聘请专业的 PPS 咨询师到公司培训，咨询师不仅提供 PPS 实施的专业支持，并且因为中立的身份和独立客观的建议，能够获得员工和老板双方的认同。

利益关联，认同 PPS

让员工认识 PPS 是基础，实施 PPS 需要员工的认同和参与，最重要的是要解决员工最关心的问题：PPS 对我有什么好处？KPI 绩效考核因为弱激励，员工的认同度不高，参与度不高。PPS 要获得员工的认同感和参与感，必须让 PPS 考核结果和个人利益高度关联，例如，月度奖励、季度奖励、年度分红、调整薪资、调整职级等。通过利益关联的激励制度设计，让员工理解，实施 PPS 可以获得三个好处。

（1）**个人收入的增长**。PPS 按照采购标准付费，如果你是一位奋斗者，愿意服务更多的人，创造更多的价值，那么你的 PPS 值一定有高盈余，最后收入高于基本工资。真正体现了按结果付费，多劳多得原则。

（2）**有个人能力的成长**。员工从被管理者到个人经济体，要想被采购方获得工单，获得更高的个人价值，只有主动学习成长，才能具备交付结果的能力。

（3）有自主决策的权力。对于采购工单，员工对接单还是不接单有选择权；对于工单实施，员工有权根据采购标准和采购方要求独立完成，而不需要汇报给不同层级的领导。

KPI绩效考核让员工处于被动考核、被动干的状态，PPS个人利润让员工主动合作主动干。如果员工认识了PPS，理解了PPS的好处，就会认同PPS。

PPS试点测试

（1）测试人员：选择首批参与试点的部门和人员，最好选择人事、新媒体运营、商务、行政等职位，这些职位有三个共同特点：

第一，采购服务比较频繁；

第二，采购标准不好量化；

第三，职位工资收入固定。

让这些职位的人员参与PPS试点，工作结果得以量化，部分个人收入呈现增长，可以达到推广示范的效应。

（2）测试流程：测试"我要工单"的申请流程、"我发工单"的采购流程；测试工单数据统计及激励考核标准合理性；测试实施PPS的培训流程、团队沟通流程和组织管理流程。

（3）测试采购标准：需要说明的是，PV采购标准不是制定出来的，而是在企业实践中测试出来的。测试PV采购标准，就是按照分角色、分结果、分标准的原则,对每个职位制定 PV 采购标准。在试点过程中,有的采购标准定高了,需要调低;有的采购标准定低了,需要调高。

(4)测试考核机制:制定 PPS 考核的激励标准的第一原则是员工个人收入必须与公司收入同步增长。测试个人 PPS 值分布,月度考核奖励标准的合理性,相关人员的参与状态;测试季度考核的奖励标准,评估个人收入增长率是否与公司收入增长同步,采用激励制度是否实现了员工主动合作、主动干的目标。

3.PPS 实施步骤

PPS 云系统

我们开发的 PPS 云系统,是面向中小企业的 PPS 实操应用平台,采用 SaaS 模式设计,方便企业注册及应用,支持后台数据管理和分析,让员工在系统上主动申请采购工单、主动合作主动干。

系统自动统计每天、每月的个人 PPS 值,不仅节省企业实施 PPS 的管理成本,还节约了沟通成本。传统绩效考核领导给员工评分,员工被动考核,对低分值不接受,内部沟通成本高。PPS 云系统是由采购方确认员工的工作结果,系统自动汇总统计,管理成本和沟通成本趋近于零。

实施 PPS 的五个步骤

(1)**确定系统管理员**。用好 PPS 云平台,先做好 PPS 系统初始化。公司指定专职人事主管担任 PPS 系统管理员,负责系统初始化、提供 PPS 运营支持、数据统计分析、核对部门和个人的奖励分配等工作。

（2）**确定参与人员**。确定首批参与PPS试点的人员及试点时间，后续参与人及实施时间，并对参与人员全面培训PPS使用方法、采购工单标准、激励考核机制等。

（3）**确定组织结构**。根据系统初始化要求，导入公司组织结构。前面已经讨论了组织体系、组织结构、组织关系、组织职能等，核心问题是需要将公司组织体系从科层管理型组织改为单元经营型组织。

（4）**确定采购标准**。PPS云系统提供了相关行业、相关职位的采购标准模板，仅供企业设定PV采购标准的参考。每家企业可以根据自己的实际设定采购标准，或者先参加我们举办的《PPS实操班》课程学习设计采购标准。

（5）**确定考核机制**。如何让PPS激励员工、考核员工？PPS记录了员工在公司的成长过程，通过激励考核机制设计，让PPS成为每位员工获得奖励分配、调整职级、调整薪资等个人进步和个人收益的关键数据，实行强激励关联。

实施PPS，必须"三到位"

（1）**组织管理到位**。包括决策指导、执行管理和操作实施三个环节。

决策指导组织：公司平台层面成立"PPS委员会"或者"PPS指导小组"，统一制定PPS实施方案、PV采购标准、激励制度。

执行管理组织：由人事部门负责执行，PPS系统管理员具体管理。

操作实施组织：全员都是PPS参与者，或者是采购方，或者是服务方。

（2）**工单采购到位**。工单采购以员工主动申请为主，采购发布工单为辅。工单的申请流程如下：

①工单申请：服务方向采购方主动申请工单。

②工单确认：采购方接到申请工单信息，对采购标准、工单时间和采购标准无异议，予以确认工单采购。

③完成结果：服务方在工单时间内完成交付标准约定的结果，并提交给采购方对工单确认付费。

④确认付费：采购方依据采购标准确认工单，选择同意和不同意，不同意提出要求优化完成结果。同意确认即为完成采购结果付费。

（3）**激励制度到位**。实施PPS的核心目标是让劳动者成为奋斗者，员工主动合作主动干。员工为什么要成为奋斗者主动干？激励制度必不可少，设计激励制度不是钱越多越好，而是要在人力成本合理增长的前提下，管理员工的预期值。激励制度可以分为月度激励、季度激励、年度激励和长期激励，也要兼顾现金奖励、提升职级、提高薪资、授予公司股权等。只有合理的激励制度才能让员工愿意参与，才能通过实施PPS，提高员工主动性和经营效率。

PPS不适合哪些企业应用

（1）**不适合金字塔式的组织**。传统金字塔式科层组织重直线管理，员工的一切行为被领导管理，实施PPS必须建立"平台赋能+经营单元"的组织结构。如果想用"旧瓶装新酒"的方式实施 PPS，不具备实施和操作的持续性。

（2）**不适合创业初期的团队**。创业初期，业务不稳定、个人角色变化大，采购标准不好定，考核激励标准更不好定。建议从 0 到 1 以后，业务相对稳定并且开始增长阶段，开始实施 PPS。

（3）**不适合体力劳动者**。传统企业管理的对象是体力劳动者，因为体力劳动者的工作可以量化。而脑力劳动者的工作量化难，PPS 考核主要针对脑力劳动者设计，按照脑力劳动者的工作结果制定采购标准。

附录
PPS 通用版实施方案

PPS 核算实施办法

一、核算公式

1. 核算公式：PPS=PV-PC。

2. 核算公式说明

PPS 指 Personal Profit Surplus，个人利润/个人附加值。

PV 指 Personal Value，个人价值，即个人完成工单实际创造的价值。

PC 指 Personal Cost，个人成本，试用期员工，按实际工资额计算 PC 值；转正后按个人基本工资的 1.5 倍计算，如基本工资为 8000 元/月，个人 PC 值为 12000 元/月。

二、实施目的

1. 公司建立内部市场交易机制，实现从交付关系转化为交易关系。

2. 由绩效考核员工被动考核被动干到个人利润员工主动合作主动干。

3. 通过量化个人价值评估工资合理性，以结果为导向，实现多劳多得。

三、实施对象

合伙制员工不参与 PPS 考核，其他薪金制员工均参与 PPS 考核。

四、人员设置

1. 成立 PPS 实施工作领导小组

主导 PPS 实施工作的方向和目标，确定 PPS 实施过程中的策略和进程安排，核准各项标准的设定，配置足够的资源保障实施。

领导小组人员由经营委员会成员担任。

2. 系统管理员

确定组织结构与岗位，管理员工账号，负责 PPS 云系统操作中的技术对接。

人员设置：由经营委员会确定管理员人选。

3.PPS 实施工作负责人

负责 PPS 实施工作的宣导以及系统操作培训，解答员工在系统应用过程中遇到的问题。

人员设置：组织部部长。

五、实施原则

1. 分角色、分结果和分标准

分角色：每个薪金制员工根据参与的工作内容，确定"主要角色、次要角色和角色转化"。

分结果：以结果导向，兼顾过程。

分标准：公司按照"标准事项""非标准事项""常规事项""临时事项"制定采购标准。

2. 内部交易工单制

主动申请为主，被动接受为辅。

结果采购为主，过程采购为辅。

单项采购为主，打包采购为辅。

3. 工单交易流程

交易类工单。适用于部门内或跨部门间的工单采购。

项目类工单。适用于项目团队共同完成一个独特产品或服务过程中的工单采购。如课程会务支持团队完成课程会务工作时，由会务经理申请项目工单，然后派发子工单给各项目组成员。

销售类工单。适用于非销售部门员工工单采购，员工产生销售订单后，向财务部申请工单，财务总监核准确定并审批工单，按工单定价标准计算 PV。

所有工单在系统提交后，发单人需在 48 小时内完成审批工作，如超时，系统默认员工已完成并结算 PV。

4. 工单定价准则

近似正确好过精确错误。

以人力成本为基准核定工单价格。按照月工资成本的1.5倍除以每月工资天数和每天工作时间8小时，确定每小时工单价格。如附表1所示。

附表1　工单定价准则表

月基本工资	PC值（工资1.5倍）	每月工作天数	工单每天PV	工单每小时PV（取整数）
4000元	6000	21.75天	275PV	34PV
5000元	7500	21.75天	345PV	43PV
6000元	9000	21.75天	415PV	52PV
8000元	12000	21.75天	550PV	69PV

项目类工单以"打包"价格为准。

以销售奖励标准为基准。对于非销售人员完成销售的，可按照销售奖金标准发放销售提成，并另外按提成金额核算PV值。

工单采购标准未载明的服务内容和采购价格，由采购方与发单方另行协商确定。协商确定采购价格时，参照上述约定的单价标准。

六、操作规则

1. 发单权

领导小组授权的人有初始发单权，其他员工无初始发单权。

其他员工只有接收工单后在该工单PV值范围内才有权将该工单拆分进行发单。如张三接收了一个工单1000PV，他觉得自己可完成部分工作，自己保留500PV，另外500PV可由张三发单给其他员工。

早期主要是相互沟通的"一对一"工单模式，未来可逐步引入竞价机制的"抢"工单模式。

2.PPS 排名公示

参与 PPS 核算的员工在"PPS 云系统"（以下称"PPS 系统"）注册，每个月根据完成的工作结果和采购标准，PPS 系统自动汇总形成个人月度 PV 值，扣减个人 PC 值，核算个人 PPS。**PPS 系统可以实现参与者月度、季度和年度公示 PPS 值排名。**

七、奖励包

月度奖励包。以部门为单位，2021 年第三季度每个部门月度奖励额度不超过当月部门工资总额的 5%（不含社保金额），随工资发放。以部门为单位，个人按照当月 PPS 值权重分配部门奖励包。个人当月 PPS 值为负数的人员不参与分配。第三季度结束后，公司根据实施情况会逐步将月度奖励比例调整至 8%。如部门三个人，平均工资 6000 元 / 月，工资总额为每月 18000 元，月度奖励包为 1440 元。张三月度附加值 1000PV，李四月度附加值 500PV，王五月度附加值 100PV。王五不能参与月度奖励包分配，张三可分得 960 元，李四可分得 480 元。

季度奖励包。公司每个季度根据参与部门的工作达成情况，设定部门季度奖励包。部门季度奖励包按个人季度 PPS 值权重分配。季度 PPS 值为负数的员工不参与。

八、薪资与职级调整

按照公司《绩效管理实施办法》执行。

九、年度经营分红

1.前提条件：公司完成年度经营计划。

2. 经营分红总额：公司根据盈利情况确定经营分红。

3. 参与人员：专业职级 P5 级及以上或管理职级 M3 总监级及以上的人员，且个人年度 PPS 值为正。

十、生效和其他

1. 本实施办法经公司经营委员会通过后施行。公司组织部享有本实施办法的最终解释权。

2. 个人对 PPS 系统的个人 PPS 值有异议的，可申请公司仲裁委员会裁决。

3. 工单采购标准由公司以附件形式展示，附件为本实施办法的组成部分。